U0125265

见识城邦

更 新 知 识 地 图　　拓 展 认 知 边 界

熊莎 译

语言的历史

A
HISTORY OF
LANGUAGE

Steven Roger Fischer

[新西兰] 史蒂文·罗杰·费舍尔 著

中信出版集团 | 北京

图书在版编目（CIP）数据

语言的历史 /（新西兰）史蒂文·罗杰·费舍尔著；
熊莎译 . -- 北京：中信出版社 , 2023.7
书名原文：A History of Language
ISBN 978-7-5217-5193-2

Ⅰ . ①语… Ⅱ . ①史… ②熊… Ⅲ . ①语言学史
Ⅳ . ① H0-09

中国国家版本馆 CIP 数据核字 (2023) 第 023088 号

语言的历史
著者：　　[新西兰]史蒂文·罗杰·费舍尔
译者：　　熊　莎
出版发行：中信出版集团股份有限公司
　　　　　（北京市朝阳区东三环北路 27 号嘉铭中心　邮编　100020）
承印者：　嘉业印刷（天津）有限公司

开本：880mm×1230mm　1/32　　　印张：10　　　字数：187 千字
版次：2023 年 7 月第 1 版　　　　印次：2023 年 7 月第 1 次印刷
京权图字：01–2019–4648　　　　　书号：ISBN 978–7–5217–5193–2
定价：58.00 元

目 录

Contents

新版前言

　　语言即生命，它能塑造、改变和分享我们的想法。语言兼具教化与娱乐功能，也能激励和启发人类，它能确定我们是谁，来自何方。语言将母亲和孩子、朋友和同事、亲戚和族人、国家和联邦联结在一起。因为掌握了不断发展的语言，我们人类才在严酷的自然条件中存活了下来，在这个星球繁衍生息，如今更是开始探索起宇宙星辰。使用语言的能力使我们有别于大自然宝库中的其他生物。

　　关于这一点，历史的评价清晰而响亮。阿里斯托芬说："语言给思想插上翅膀。"罗杰·培根说："语言知识是通往智慧的大门。"塞缪尔·约翰逊说："语言是思想的外衣。"约翰·赫尔德则说："一个国家除了其父辈流传下来的语言之外，还有别的更宝贵的东西吗？"威廉·冯·洪堡说："语言对一个国家文化的重要性绝对是其他事物无法比拟的。"塞缪尔·泰勒·柯勒律治说："语言是人类思想的宝库。"拉尔夫·瓦尔多·爱默生说："语言是历史的档案。"路德维希·维特根斯坦说："语言给思想披上了外衣。"奥利佛·温德尔·霍姆斯说："语言是灵魂的血液，思想流淌于其间并从中得以发展。"弗吉尼亚·伍尔夫则说："语言是唇间美酒。"一句苏格兰盖尔语谚语是这样说的："人失去了语言也就失去了世界。"一句夏威夷谚语更是一语中的："语言中见生命。"

　　然而，语言可不仅仅是人类的特征，它也同样是大自然的纽带。语言并不仅仅"起源"于智人，对此我们将会在接下来的篇章中加以解释。

序　言

　　本书将从最广泛的意义上来介绍语言的历史，希望能帮助或许只是大致了解外国语言和语言学研究的读者，为深入学习专业的语言学做准备。从这一概念上来讲，在开始学习大学或学院的语言学导论课程之前，本书会是一本有用的预备读物。阅读本书并不需要语言学的基础，不了解特定的语言学术语或语言学方法也不妨碍阅读。

　　本书的主题是宽泛意义上语言的历史，其概述方式与传统的语言史叙述有着极大的不同，不会像传统语言史那样严格描述已知或构拟的人类语言中的语言变化。本书不仅会讨论人类语言，还会探讨动物的语言。本书也将从全球角度简洁明了地讲述"语言"的历史重要性。

　　本书第一章将从大自然和过去谈起，最后一章则会以科技和未来收尾。这本历史导论也会从宏观问题谈到微观问题：从所有生命体使用的语言谈到灵长类动物使用的语言；从智人大体上使用的语言谈到人类语言的宏观族系；从语言的特定族系谈到我们新全球化社会的语言使用，以及当人类开始殖民太阳系时英语的潜在未来。本书的主题既平凡又独特，是赋予自然世界魅力的一项技能：语言。

人类用"语言"这个模糊不清的词表达的多方面的意义，连同它的二十几种不同的定义，以及在特定语境中更多的含义，都将随着这本语言历史导论的展开而愈加明晰。现今，"语言"的正式定义也正在经历语义上的改变，"语言"已经不仅仅是智人的专利。我们现在都赞同的一点是，任何时代的任何生物都使用过一些方法，来和其他使用了某种形式的"语言"的生物进行信息交流。语言显然是一种普遍技能。

"某人在某地说出了第一个词，**然后，另外某个人就理解了**"，这种说法是十分荒谬的。现今，这样的说法可能尤其吸引人。但是，正如我们现在所知，这种说法所传达的信息在历史上是站不住脚的。语言并不是从哪里"开始"的，而是以无数种形式经历了上亿年的演化。只有在这种漫长演化历程的终点，本质上是拟人化概念的"语言"，才具备了现代人类可以明白并能深入理解的形式。

20世纪60年代以来在鸟类、鲸类和灵长类动物身上所做的突破性实验揭示了语言的历史必须包括非人类的语言，原始的语言形式仍然在全世界存在着，现在之所以能为人所认识，主要是因为现代技术能够利用敏锐的监测设备来记录自然界中原本不为人知的沟通方式。

　　早期，远古人类（hominins，也译"人科动物"）也成了会交谈的生物。本书最重要的主题正是人类语言的出现，以及随后人类语言的演化历程。但是，涉及人类语言的一些主要问题尚无确定的答案。例如：什么是"语言"？"语言"与其他智力技能有着何种联系？人类语言与非人类的沟通方式有着何种不同？讲述语言历史的意图之一就是找到这些以及类似问题的答案。

　　本书并不解决有关语言演化的理论细节问题。我们会谈到这个话题，但只是在讲述整体语言的更宏观历史时对其做一个全球概览。关于一些具体的理论争议，如"词语"的由来、句法的出现等等，参考书目中的文章和著作做了深入的探讨。人类大脑能处理特定的声音信息，这一能力的演化过程也是一个令人着迷的领域，但可惜这超出了语言历史导论的涵盖范围。

　　杰里米·布莱克（Jeremy Black）建议我写这本书，我也极其感谢他的这一想法以及他提供的无与伦比的帮助。也同样要感谢利克森图书公司的迈克尔·利曼（Michael Leaman），他与我诚恳讨论了这一图书项目的细节问题，给出了许多建设性的评价和意见。

　　在此还要专门感谢许多特别的人，他们在我的语言学和文献学研究事业中以特有的方式起到了重要作用。他们在语言、语言科学、文献学等方面的深厚知识储备，在过去的三十年里影响、塑造和磨炼了我的语言学和文献学知识与信念。在许多值得提及的人当中，我想要特别表达感激之情的是：伊莱·索贝尔（Eli Sobel，已故）、诺姆·乔姆斯基（Noam Chomsky）、拉伊莫·安提拉（Raimo Antilla）、特奥·芬内曼（Theo Vennemann）、特伦斯·威尔伯（Terrence Wilbur）、斯蒂芬·施瓦茨（Stephen Schwartz）、阿瑟·格鲁斯（Arthur Groos）、托马斯·巴塞尔（Thomas Barthel，已故）、H. G. A. 休斯（H. G. A. Hughes）、玛格丽特·奥尔贝尔（Margaret Orbell）、布鲁斯·比格斯（Bruce Biggs）、安德鲁·波利（Andrew Pawley）、马尔科姆·罗斯（Malcolm Ross）、罗斯·克拉克（Ross Clark）、雷·哈洛（Ray Harlow）、特里·克劳利（Terry Crowley）、阿尔伯特·舒茨（Albert Schütz）、约翰·夏洛特（John Charlot）和杰克·沃德（Jack Ward）。

在此也要特别感谢琼·艾奇逊（Jean Aitchison），她向我们所有人展示了到底应该如何来书写语言。

除此之外，我还要感谢我的妻子塔基，她不仅是我的支柱，也是给予我光明的烛火。

史蒂文·罗杰·费舍尔

于新西兰怀希基岛

1999 年 1 月

第一章

动物交流和"语言"

地球上最早的有机体演化出了能够提供关于物种、性别和意图的信息的原始交流机制，这种信息传递借助的是当时自然界中最为复杂的媒介：化学交流。几百万年来，为了物种的延续，同一演化物种的不同个体间始终需要交流，由此产生了更为复杂的交流方式。在这种演化过程中，最宽泛意义上的"语言"诞生了。

自然界中使用的每一类语言都是不同的。越往深处挖掘，越会发现每一个物种的交流能力都可以通过对"语言"这一概念做更详尽的定义来区分。

语言最简单的定义是"信息交流的媒介"。这一定义使得语言的概念涵盖脸部表情、动作、姿势、口哨、手势、书写、数学语言、编程（或计算机）语言等方面。这一定义也同样适用于蚂蚁的化学"语言"和蜜蜂的舞蹈"语言"（我们现在了解到这两种昆虫同时也在使用其他的交流表达形式）。

语言的这一定义也承认了许多超出人类听觉频率的生物声学信息交流（生命体的声音传播）属于语言。例如，15岁左右的人在正常谈话音量和距离下，能听到的声音范围只有十个八度音阶，即听力范围在30到18 000赫兹（每秒周）之间。鸟类、青蛙、蟾蜍和犬类的叫声都在这个频率范围之内，但是，其他大部分生物沟通时所发出的叫声低于或高于人类所认为的这个"正常"听力范围。次声包括频率低于30赫兹的声音，例如长须鲸、蓝鲸、大象、鳄鱼、海浪、火山、地震和其他极端天气发出的多种声音。超声则是频率高于18 000赫兹的声音，昆虫（地球上最普遍存在的一类生物）、蝙蝠、海豚和地鼠所发出的声音有很多属于超声。然而，语言远不只是声音的交流。最普遍意义上的语言是生物世界的联结点，只是人类限定了语言的范围。

最近一些有关动物交流的研究试图对物种进行描述，并将动物交流与基本的生物或社会过程联系起来。[1]尽管在21世纪初，"语言史"暗含的意思还是关于"人类语言的历史"，但它也可能进一步发展，将许多此前未知的语言形式包括在内。许多两栖动物，尤其是青蛙之间的声音交流，在过去的几年里得到了大量研究，虽然人们还是找不到任何有关"青蛙语言"的参考资料。

生物声学也将研究的注意力转向了鱼类，许多鱼类尤其是在产卵期间，会发出代表性的"复合音"。这种"复合音"的第一部分包含了一系列部分重叠的声音脉冲，而第二部分则是快速重复的重叠声音脉冲，这会产生一种类似于"音调"的恒定声波。

例如，生活在美国西海岸的斑光蟾鱼在夜间发出的"嗡嗡"声明显地展现了声音交流的最原始形式，这种声音原本不为科学界所知，直到最近加利福尼亚州一个船屋社区的生活因其饱受困扰，此事登上国际新闻头条。雄性斑光蟾鱼会发出"嗡嗡"声来吸引雌性斑光蟾鱼到它的巢穴中产卵，那巨大且洪亮的声音像极了澳大利亚乐器迪吉里杜管发出的声音。通过收缩鱼鳔上的两块肌肉并振动胃壁，这种声音会持续一个小时，直到雌性斑光蟾鱼到来，这种求偶的"嗡嗡声"才会戛然而止。

一些昆虫也具有明显可以用于交流的发音器官，其中不少会利用超声来进行交流，但科学界直到 20 世纪后半叶才知道这些超声的存在。例如，雄性和雌性飞蛾在求偶期会通过信息素（通过特定腺体释放的分泌物）来进行交流，飞蛾求偶行为的全流程也包括产生超声波。这一最新的研究令人有必要重新思考飞蛾的求偶行为，并更加重视几种交流表达方式之间的相互作用。

但是，当人们听到动物之间的沟通交流或"语言"时，还是会普遍想到蚂蚁、蜜蜂、鸟类、马、大象、鲸类和类人猿的语言。

蚂蚁

已知蚁科物种的数量在 1.2 万到 1.4 万种之间，每种都由 100 万甚至是更多的个体组成，它们几乎占据了地球上所有可栖息的地方。蚂蚁总数比人类总数多了数万亿。没有一只蚂蚁是孤独的，所有的蚂蚁都能以某种方式进行沟通。每一只蚂蚁都可以利用身体语言以及信息素传达至少 50 种不同的信息。蚂蚁的下颚腺能分泌带有警示性意味的气味，直肠腺内的后肠末端能散发出用于标记踪迹的气味，而其腹板腺内散发出来的气味则会用来呼叫附近的同伴，不一而足。这些具有高度独特性的化学信息和身体语言结合在一起，似乎提供了一个经济型套餐，其中包含了一只蚂蚁个体为了蚁群生存而必须与其同伴交流的必要信息。在这里，语言被简化到最低限度，其本质上是一种"信息素语言"，有些人也将其称作"地球上的原始习语"。

但是，蚂蚁的语言能力很有可能要远比当前科学所承认的更为复杂。目前所知的这种交流模式不足以解释蚂蚁个体之间的劳动分工。蚂蚁群体之间是如何决定应该拿哪一片树叶的呢？群体组织和合作是如何完成的呢？这一定涉及一个远超目前认知、更为复杂的信息交流模式。除此之外，最近的一项生物声学研究表明，蚂蚁也会利用摩擦发声（鸣叫声）进行信息交流；人们仅了解一些它们发出的声音和超声，而使用这些声响的具体语境仍然不为人所知。无论如何，昆虫学家们现在怀疑，亿万年以来蚂蚁们或许一直都在综合使用信息素、身体语言和声响等手段进行沟通交流。[2]

蜜蜂

20 世纪上半叶，奥地利动物学家卡尔·冯·弗里希（Karl von Frisch）发现蜜蜂会利用"舞蹈"进行交流，从而证明就算是"微不足道的昆虫"也可以交流关于遥远时空内事物的复杂信息，这一研究结果令世界震惊。觅食的蜜蜂通过"摇摆舞"的方式向同伴描述在巢穴之外找到的食物，它取少许食物样本展示食物种类，以跳 180°旋转"舞蹈"的次数表明食物质量，用专为标示距离和方向设计的"8 字形"飞行轨迹指示食物所在地。过去，蜜蜂的"摇摆舞"通常被当作动物使用"真正语言"的经典例子。

另有一事实随着最新研究浮出水面，那就是负责觅食的小蜜蜂只会在它们巢穴上方开放的领域内跳舞，而其跟随者只是看着。那些在黑暗巢穴内跳舞的觅食蜜蜂会振动翅膀来产生气流，跟随者在飞了几次 8 字形巡回轨迹之后，会用自己的触角来近距离"监听"，这证实了蜜蜂是可以听到声音的。随后，跟随者向下挤压身体，突然振动胸部，舞蹈中的觅食蜜蜂的腿部遂可感受到这种振动，从而接收同伴提出的寻求食物样品的请求。这些结合了身体语言、食物交换和声音的表达方式构成了这些蜜蜂自己的语言。现今，"机器蜜蜂"的实验也表明摇摆舞和声音信息对蜂群间的沟通交流至关重要，如果失去其中任何一种方式，那大部分的跟随者都会找不到食物。

鸟类

热心的观鸟者一直以来都为沼泽鹪鹩丰富的曲库激动不已。自古以来，人们就发现一些野外的鸟类会在不同场景之下发出不同的叫声。这一事实表明鸟类为它们发出的声音赋予了各种意义，而最近该领域的研究也显然证实了这一点。[3]

就算是在最叽叽喳喳的种群中，鸟儿在发声的能力和倾向上也存在着巨大的个体差异。一些鸟儿默不作声，另外一些鸟儿看起来像是从来不曾停止过鸣叫一般。大体型的鹦鹉或许是动物王国里最为惊人的"语言学家"，尤其是非洲灰鹦鹉和亚马孙鹦鹉（包括黄颈、双黄头、红喉、蓝头等品种）。深红色或蓝红相间的金刚鹦鹉也能发出声响，但音色通常较响亮且嘶哑。

凤头鹦鹉很会"说话"，有着甜美的嗓音，但是跟金刚鹦鹉一样，它们极难驯化。[4]

早在 20 世纪 40 年代，研究就已证明非洲灰鹦鹉可以完美掌握无声任务，例如找到对应物体的数量，人们通常认为完成这项任务需要具备复合智力。后来的研究人员观察到，鹦鹉之间尤其会用数种"有含义"的方式发声交流，这种方式一定也是从其他族类成员那里学到的。

在 20 世纪的最后 25 年里，对数百年来只用作比喻的"鸟语"一词，人们有了突破性的新理解。[5]1977 年 6 月，艾琳·佩珀伯格（Irene Pepperberg）开始教 13 个月大非洲灰鹦鹉"艾利克斯"用英语与自己沟通，在教授过程中，艾琳·佩珀伯格采用了新的技巧并借用了人类社交学习的研究成果，实验的结果令人印象深刻。看起来，艾利克斯现在已经得到了全面的训练，它不再是"鹦鹉学舌"式地模仿人类说话，而是能理解人类言语的意思，并能用同样的语义内容以不同概念模式予以回复，且具有极高的正确率。

例如，一名研究员举着一把紫色金属钥匙和一把更大一点的绿色塑料钥匙问："艾利克斯，几把？"沉默了 15 秒后，艾利克斯回答"两把"。"哪一把更大？""绿色的钥匙。"接着研究人员举起一根冰激凌棍问道："这是什么？"经过长时间的沉默之后，艾利克斯最终回道："木头。"

　　12 年间，艾利克斯的训练员教它完成各种不同的语言任务，艾利克斯能够说出 40 种不同物品的名字，如香蕉、软木塞、椅子、水等等。它还掌握了"不""来这里""我想要某某""想去某地"等句式的用法，艾利克斯还能分辨七种颜色，描述许多不同的形状，数数能数到 6。在实验的最后阶段，佩珀伯格发现艾利克斯能够整合起所有的声音标签进行辨别、询问、拒绝、分类，还能量化超过 100 种不同物品，包括一些不同于它常规训练样本的物品。当艾利克斯接受有关这些能力的测试时，其准确率平均能达到 80%。[6]

　　当然，艾利克斯也存在着能力极限，尽管它显然可以用一种似乎高级的水平与人类沟通，但无法像训练员彼此沟通那样与自己的训练员进行交流。与类人猿不同的是，艾利克斯也无法描述自己前天的行为，或是它接下来一天想要干的事情。艾利克斯的例子实实在在地向人类表明，或许鸟类也可以同样创造性地使用语言，也可以达到与类人猿（比如红毛猩猩、大猩猩、黑猩猩、倭黑猩猩）以及鲸类动物（鲸鱼和海豚）相当的复杂程度。

　　近来的一些神经分析测试表明，鸟类的左脑具有控制"歌声"的能力，这与人类的左脑具有控制言语的能力相似。从这一事实中能够推断出两者之间的联系，但是科学家们还没有对此下定论。

如果科学界最终证实鸟类确实具有和能够使用一定程度的复杂语言，那这是否暗示着它们的远古祖先——恐龙或许也以相同的方式使用过某种语言呢？这个答案似乎是显而易见的。

利用乳腺分泌的乳汁来喂养后代的高级脊椎动物被称为哺乳动物，它们也同样广泛运用声音交流。语言通过促进社会凝聚力和适应性来为哺乳动物的生存服务，这似乎是所有这类脊椎动物的主要特征。哺乳动物发出的声音复杂多样，其研究难度不亚于非哺乳动物。同理，哺乳动物的社交语境也极其复杂多变，人们很难将特定的声音和声音模式与特定的活动以及同种类个体之间的交流联系起来。除此之外，同野外的鸟类一样，哺乳动物的"言语"中似乎也具有许多地域性差异，类同于人类的"方言"，个体学习能力和"个人习惯用语"也有所不同。

迄今为止，大多数关于哺乳动物之间沟通交流的研究都集中在生物声学方面，即对生命形式所发出的声音进行衡量和分析。关于哺乳动物最佳的生物声学研究是在背景高度特殊的语境（情景）下达成的，例如动物交配或是声呐探测（回声定位）。事实上，只有在后一种语境中才有可能近乎满足通常对科学实验的所有要求，因为这种环境受众所周知的物理定律支配，发出的声响较社交性活动而言也更为统一、更容易监控，人们能够在数据之间进行简单的比对。声呐探测并不是交流，尽管这种探测确实证明了诸如蝙蝠、鲸和海豚等哺乳动物具有复杂的生物机制，这种生物机制能在同一物种间提供复杂的信息交流功能。对蝙蝠的研究尤其集中在恒频声呐和调频声呐方面，蝙蝠这样的小型哺乳动物会利用声呐来回声定位和捕猎，超声波是其中最重要的组成部分。但是蝙蝠所发出的社交性叫声却是低频的，且仍然不为人所理解。对哺乳动物的生物声学研究也同样解决了老鼠的发声问题。迄今为止，很少有人写有关"蝙蝠语言"或是"老鼠语言"的文章。出现这一缺口的原因在于人类对这类语言不甚熟悉，又或是"语言"一词总是优先同"人类"联系起来。蝙蝠以及老鼠社群中一直有复杂的生物声音交流，只是人类最近才注意到而已。

另一方面，马、大象、鲸和海豚的"语言"在近些年受到了极大关注。一些喜欢神秘的作家甚至将这些交流体系与超自然，甚至是地球之外的"超级交流"形式联系起来。尽管这很荒谬，但毋庸置疑，这些哺乳动物之间的确会进行某种形式的交流，只是它们的交流不同于我们的而已，并没有科学证据表明非人类的哺乳动物之间的沟通交流比人类更为优越，在语境上比人类语言要更为复杂。事实上，在20世纪下半叶累积起来的证据都在敦促达成这样的结论，那就是只有人科动物，即人类和其近祖在这颗星球的自然历史进程中，演化出了最为复杂的自然和非自然的交流形式。

马

人们很早之前就已经知道，马会使用一些复杂的身体语言形式，比如动作、方向、眼神接触和回避，加上特定的声音，与同类进行交流，甚至是远距离的交流。近年来，人类训练员们基于对"马语"的观察，发明了新的方法来操控马的行为，从而达成人类的目的。例如，装马鞍和骑马的结果极其明显，驯马从许多天缩短到几十分钟。毫无疑问，虽然交流方式迄今成谜，但人与马已然实现了某种交流。人类可以用几乎相同的技巧与鹿进行类似的交流，尽管过程要更加缓慢且颇为巧妙。在这些交流互动中，声音的作用通常不大，一般而言，马儿们几乎总是会结合身体语言和声音来进行交流。在人类与马、人类与鹿之间发生的特定信息交流过程中，已经显而易见地产生了一种"语言"形式。但是，关于马和鹿的"语言"的科学研究，包括对上下文（语境）敏感的声音在内，现在也才刚开始起步。

大象

20 世纪的最后 20 年间，研究员们使用了现代科学方法和手段来研究大象之间的交流问题。人们很早就开始怀疑大象们会进行经常性的沟通交流，以加强其社会纽带，巩固种群生存。然而，从在物种内部传达重要信息的意义上来看，大象之间的这种交流到底在多大程度上属于一种"语言"，仍不为人所知。

大象会使用各种不同的叫声：隆隆声、咆哮声、轰鸣声、哼声、喇叭声以及吼声。[7] 每一类叫声似乎都代表着一种截然不同的交流表达方式，而每类叫声内的不同种声音又组成了这种交流方式的重要子单元。隆隆声毫无疑问是大象会发出的所有叫声当中最具意义的一种，频率处于 14 到 35 赫兹之间；大象发出的超过 30 赫兹的隆隆声在人类听来像是管风琴发出的低沉鸣音，这种声音会给人一种皮下"刺痛"感。这样低频率的声音在草地和森林里传播时，并不会过多地受到阻碍。在津巴布韦、纳米比亚和肯尼亚所做的研究都表明大象作为陆地哺乳动物中独树一帜的一类，会使用低于通常可听范围极限的次声隆隆声与身在远方的其他大象进行某种形式的交流。配有计时器的遥感传感器已经证明雌象和雄象在相距超过 4 千米的情况下仍能通过次声交流。这种交流还有许多其他用途，比如似乎可以让雄象和雌象相遇并繁殖后代，因为成年雄象与雌象分开栖息，其间还伴随着无法预料的移居和不固定的繁殖季节性因素。雌象在发情期会发出一阵独特连续的次声"呼叫"，因为这种呼叫总是保持着相同的形式，所以有人可能会将其称为"交配之歌"：雌象先是发出一阵深沉的隆隆低音，接下来声音强度有所增加，声调有所上升，然后减弱，直到静寂无声。这样一场"音乐会"可能会持续半个小时之久。

雌象发出的声音丰富多变，暗含着许多不同的信息。它们的不同叫声似乎是在表明象群应该游荡到多远的地方，什么时候去照顾小象，以及谁当前在象群之中，等等。雌象还会对远方的事件做出回应，而成年雄象则很少发声。一名研究员曾经打趣地总结称，那是因为雄象在忙着听雌象喋喋不休。大象总是会将嗅觉和听觉一起使用，信息素显然在大象的繁衍过程中发挥了十分重要的作用。当处于狂暴状态的发情雄象要寻找一头每四年中仅有两天发情的雌象时，它对这种发情期"化学交流"的反应会非常敏锐。

作为一种"语言"形式，大象的交流当然包括能传递各种信息的隆隆声，但这种声音不仅仅是繁殖信号。一些极为强烈的次声记录表明，它们发出的隆隆声显然是恐慌的信号，有人认为大象发出这种"恐慌的叫声"是在向其远方的象群呼救。尽管林地相隔数千米，象群中的个体们还是能持续地接收到信号，几乎能完美地同步调整其觅食方向，它们之间显然是使用了次声隆隆声来保持交流。一些研究员指出，这样的关系网甚至可能在稀疏分散的大象中间维护起一个复杂的等级社会。

鲸

　　国际上大部分针对海洋哺乳动物声音的研究都会涉及鲸目动物，研究理由众多，往往涉及秘密的军事研究，比如声呐研究。这类水栖哺乳动物大多数生活在海洋中，包括鲸、海豚、鼠海豚以及相关物种。除鸟类和类人猿外，鲸目动物是地球上唯一一种用能轻易听到、自发、复杂的声音交流的生物。目前，关于鲸目动物发出的声响的研究集中在社交呼唤和回声定位信号方面，研究人员会分析配有数字信号处理工作站的拖曳式水听器阵列探测到的水下声音录音。但是，这种方法无法体现鲸目动物的社交语境，为此，需要录像和实时分组监控，以在实验室里进行比较数据分析。这样的数据收集是极其困难的，特别是对于鲸类而言。

　　鲸所发出的声音能高达 25.6 万赫兹，是人耳所能听到的最高频率的 12 倍。正因为如此，在 20 世纪下半叶电子传感装置得到发展之前，人类并未意识到鲸类声音交流的真正范围。不同种类的鲸具有不同类型的"语言"。[8]

　　自 20 世纪 70 年代以来，关于虎鲸的研究表明其发出的声音包括咔嗒声、哨声以及被称为"脉冲"的短促尖叫声。咔嗒声是一种简单的回音定位声音，哨声可以被正在休息或正在社交中的虎鲸听到，这种声音似乎还与性活动和嬉戏有关。脉冲被比作"生锈的铰链发出的尖锐声音",这种声音或许是用来与其他不见踪影的同伴保持联系的,因为就算相距 8 千米,这种声音也还能够被其他虎鲸听到。每一个虎鲸群都和区域内的其他虎鲸群共享一定数量的脉冲。但是,一个离散的虎鲸群常常会表现出与这些共享脉冲不同的独特版本;除此之外,每一个虎鲸群还有着不与其他虎鲸群共享的一种或两种独特的脉冲呼叫声。似乎正是由这些差异发展出了一种本土"方言",借此可以很容易地辨认出单个具体的虎鲸群。不同于座头鲸,虎鲸维持着各自的方言,很长时间,甚至一生都不会特意改变。

现在已知长须鲸可以发出剧烈的次声叫声,但这是否意味着长须鲸在利用这种叫声进行交流,仍然不得而知。同样未知的是,作为最会发声的鲸目动物之一的露脊鲸,其所发出的呻吟声、咕哝声、号声以及和大象发出的喇叭声一样的声音,是否在某种程度上起到了交流作用。

蓝鲸发出的叫声是地球上所有生物发出的最大、最持久的声音之一。根据美国海军在南美洲海岸监测到的结果,蓝鲸的"歌声"能达到 188 分贝,可与一艘以正常速度航行的巡洋舰所发出的噪声相比,而且几百千米外仍然能够监测到这种声音。蓝鲸通常发出的是次声,它的歌声由每 128 秒重复一次、节奏准确的声音组成。在一年的大部分时间里,一头蓝鲸可能会这样歌唱连续八天之久,只会以不同的组合形式重复五个这样的定时音。如果有一次停顿，那么下一个音会恰好在 256 秒后响起。一些专家认为，蓝鲸歌唱是为了精准地确定自己在海洋中的方位，它们会计算大陆架、海底岛屿和海中山脉反射其发出的声音的时间。因此，这些歌声并不能起到沟通的作用，但是，蓝鲸的歌声在那么远的海中也能听见，似乎又不符合这一假说。

现在我们知道，座头鲸（或许是自然界中仅次于灵长类动物的作曲家）同样会远距离——在横跨几百千米的海洋中传播"歌曲"。座头鲸似乎会使用一种特殊的"语言"，而这种"语言"一定是自然界中最为迷人的语言之一。它可以发出多种多样的声音：呜呜声、嘎吱声、咕哝声、咆哮声以及吼声。这些声音有时会与特定的行为联系起来，表达社交意义。无论如何，座头鲸的歌声与我们观念中真正的"语言"是最为接近的。人们对位于百慕大群岛海域的座头鲸的歌声进行了 20 多年的研究，发现它们的歌声组成了"漫长的爱歌"，那是座头鲸以求偶交配为目的发出的规律且重复的声音。这类歌声在音高上变化很大，并且会持续 6 到 30 分钟的时间；这些被记录下来的歌声经人工加速 14 倍之后，听上去像极了鸟类的歌声。这些歌声是座头鲸的独奏曲、二重奏、三重奏，甚至是几十个歌手的合唱。尽管并不是在齐唱，但每一头座头鲸都在唱着同样的"歌曲"。并且，座头鲸的歌声会发生历时性改变，即随着时间而调整，这似乎是一种稳定且刻意的过程，与人类语言改变的形式十分相似，新的语言元素被组织到一起，得以保存，然后被详细阐述。这与仅仅是地区性的鸟类"方言"十分不同。与人类一样，座头鲸的歌声会随着时间推移而变化，它们会有意调整自己的惯常发音。一片区域内的座头鲸群可能会在这一年内唱着同样的"歌曲"，接着又会在下一年用另外的"歌曲"取而代之。重点是，座头鲸所唱的"歌曲"在两个连续年份内要远比两个间隔多年的年份内唱的"歌曲"更为相似。座头鲸所唱的歌曲似乎也在"演化"，且每一头座头鲸都参与到了歌曲的演化过程中。

研究人员对夏威夷座头鲸与百慕大座头鲸进行了长达 4 年的对比研究之后，发现无论是在哪一年里，这两类座头鲸群都唱着不同的歌曲。然而两类座头鲸群的歌声都经历了历时性改变，虽内容有异，却呈现出相同的歌声结构。例如，每一首歌包含了大约 6 种主旋律，拥有几种相同或缓慢发生改变的乐句，每一种乐句由 2 到 5 种声音组成。一首歌曲会按既定顺序保持同样的主旋律，但是座头鲸有时会遗漏一到多个主旋律。鲸群总是根据之前表演的既定顺序演唱那些保留下来的主旋律。尽管生活在百慕大和夏威夷的座头鲸之间毫无联系，但它们的歌声都具有属于座头鲸的基本"语言规则"。

因此，无论在大西洋还是太平洋，座头鲸的作曲规律似乎都具有普遍性。这表明座头鲸，甚至可能是所有的鲸目动物都继承了一套发音规则，然后每一代鲸再在这套规则内进行即兴创作。这些所谓的发音规则到底是基因遗传还是通过后天学习练就，仍然不为人知。有人指出，因为座头鲸不在夏季的觅食海域歌唱，它们的歌声又如此复杂，所以或许它们只是忘记了不同季节该唱的歌曲，然后基于部分回忆设计了一个新的版本。这一假说在夏威夷毛伊岛得到了检验，但结果证明是错误的：旧有的版本会首先由返程的座头鲸唱出，接着在繁殖季节会逐渐发生改动。

座头鲸通常会唱比旧乐句节拍更快的新乐句，有时会通过连接一些连贯的乐句的开头和结尾部分，产生新的乐句。乐句的中间部分会被简单地省略掉，就像人类语言中的缩略语一样（"cannot"可以缩略成"can't"），这一过程也被比作人类社会语言的演化。虽然生活在大西洋和太平洋的座头鲸拥有相同的歌曲形式，但座头鲸所唱的歌曲内容不尽相同，专家们认为可以用真正的地区性"方言"这一术语对此进行描述。这也强有力地表明，人们在座头鲸的歌声中发现了一种极其接近人类预期的"语言"形式，尽管其确切特质仍然需要研究。

巨大却胆小的抹香鲸发出的庆祝性尾音是一种独特的咔嗒声模式，似乎每一头抹香鲸发出的尾音都会有所不同；也就是说，抹香鲸似乎并不具有像座头鲸那样的共享"语言"。遗憾的是，抹香鲸发出的这些尾音仍未得到解密。但已知抹香鲸发出的这些声音在不同的海洋里都会有所不同，因此至少对想要寻根究底的人类而言，这可能体现了一种"方言"标记。例如，生活在加拉帕戈斯海域的抹香鲸会在社交间隙发出 23 种不同的尾音。5 声咔嗒声的尾音经常代表着谈话的开始，类似于"你好"；7 声咔嗒声的尾音通常接着 8 声咔嗒声的尾音，这两种声音代表的意思我们仍不清楚。雄鲸会每 7 秒重复一次被称作"巨大咔嗒声"的铿锵声来宣告自己的存在，这种声音被比作"砰的一声关上牢门"，可能被用作吸引雌性或是吓唬敌人。抹香鲸发出的咔嗒声通常能在中午时分听到，那时抹香鲸们会在靠近海平面的地方进行社交。有人认为，抹香鲸发出的这种咔嗒声能让抹香鲸个体将自己与其他抹香鲸区分开来。还有人认为，抹香鲸使用的其他多种类型的非尾音咔嗒声能像声呐一样发挥回声定位的作用，且能用声音震晕猎物。

海豚

海豚科动物，包括鼠海豚，同样会频繁地发出声音。例如，已有千年观察记载的地中海条纹海豚会在发出口哨声用以交谈的同时，发出咔嗒声用以回声定位。地中海条纹海豚将坚硬的鼻栓压向头骨的骨骼边缘，然后将声音通过前额的脂肪组织传递出来。海豚科动物不具有外耳，它们会通过下颌骨上的一扇薄"窗户"接收声音。

20 世纪 60 年代，美国神经生理学家和精神分析学家约翰·C. 利利（John C. Lilly）认为海豚已经具备了一种复杂的自然语言，并开始教海豚"说英语"。[9]利利设计了"雅努斯计划"，其目的在于让拥有不同语言元素的人类和海豚双方利用具有 64 种声音的编码来调整他们各自"舒适的听力范围"，以进行声音交流。利利期待人类和海豚之间的交流能早日发生，"我想要知道它们是否也有传说、教育性故事和历史"。现在回想起来，这带有人类中心论调的愿望或许显得有点天真，尽管在当时似乎指日可待，令人心潮澎湃，但愿望并没有实现。后来也有人进行过类似的实验，例如在美国佛罗里达州的马林兰（Marineland），人们使用了当代的实验模式来教授灵长类动物一种人工语言，但结果并不尽如人意。人类与海豚的交流通常只限于简单的符号匹配，很少能用英语表达出超过 12 个以上的编码单词。

显然，海豚的声音中还包括了某种感情信息。专家们分辨出，海豚发出的一种升降调与鸟叫相差无几，极有可能是类似"救命"的意思。其余已分辨出的标记信号，想必也意味着"我是海豚菲利波"等此类意思。然而，目前的科学观点却与前一代学者那种积极热情的观点形成鲜明的对比，认为相对于人们普遍期待的真正语言，海豚之间的语言在本质上同人与海豚强行沟通的方式截然不同，它更接近于人类所发出的呻吟声、咯咯的笑声或是叹息声。

正如我们已知的那样，鲸目动物声学已经显示出依稀可辨的"方言"性，甚至出现结构演化的特征，因此我们会期待看到一种建立在知识基础之上的信息交流。尽管如此，在鲸目动物中寻找我们所理解的那种"对话"的尝试，至今仍未成功。我们并没有理解鲸目动物之间信息传递的模式：鲸目动物会以某种方式进行交流，尤其是海豚和座头鲸，它们似乎拥有同样丰富的声音，但是我们还没有掌握鲸目动物的"语言"。

人们对于灵长类动物要更为熟悉，正如灵长类动物学家约翰·三谷（John Mitani）写的那样："你不可能近距离观察类人猿而感觉不到特殊之处。"这也是人类最后的虚荣心所在：审视我们自身。大约 1 700 万年以前的中新世时期，地球上至少存在较今天 3 倍之多的猿类。这些猿类存活下来的后代们是一些小猿（或称长臂猿），类人猿（大猿，诸如猩猩、大猩猩、黑猩猩、倭黑猩猩等），以及属于人科最后一类的——人类。所有的类人猿似乎都具有语言能力，接近我们所理解的真正"语言"，这主要是因为"语言"这个概念本身就具有人类中心的色彩。

猩猩

20 世纪 70 年代末，人们首次在类人猿的居住地，即在猩猩群居的加里曼丹岛向其教授了手语。该课程模仿美国对大猩猩以及黑猩猩所做的现代实验，有两只猩猩在不到一年的时间里学会了 20 种美式手语符号，这一学习速度与其他类人猿物种的学习能力相似。这一实验表明，无论类人猿物种有何差别，它们的"语言"能力基本上是相同的，其中个别天才可能会展现出更大的不同。最近几年对猩猩所做的语言实验有所增加，它们甚至已经展现出更加令人惊奇的语言理解和生成能力。

大猩猩

让山地大猩猩群体暂时容忍人类的存在可以通过同时使用手势（假装吃树叶）、姿势（半掩面或眼神转移）以及发声（吃东西的声音、觅食的咕哝声）的方式。戴安·福西（Dian Fossey）自 20 世纪 60 年代起便投身于位于卢旺达的卡里索凯研究中心，直至 1985 年不幸遇害，此间的研究证实了以上观点。福西开展了一项对自然界中大猩猩发声的基础性研究，甚至自己也发出大猩猩的声音，试图"与大猩猩交谈"。人类和野生大猩猩使用属于后者的语言进行沟通，并建立起信任，可谓前所未有。

　　与此同时，人们对名为"瓦苏"（Washoe）的雌性黑猩猩所做的语言实验启发了弗朗辛·帕特森（Francine Patterson）。1972年7月，弗朗辛·帕特森试图向一只13个月大的雌性低地大猩猩"可可"（Koko）教授手语，那是改编自美式手语或北美手势语"Ameslan"的一种表达方式。不到6年，可可就被誉为"第一只能熟练使用手势进行交谈的大猩猩"。这项实验成为世界上耗时最久的猿类语言学研究，二十几年后仍在进行。[10]可可现在掌握超过500种北美手势语主动手势和500种被动手势，其总词汇量已经接近人类幼儿的水平，这样的语言能力亦证明类人猿的大脑具有使用语言的能力，即野生大猩猩早就为使用某种语言做好了"准备"，从而能在实验室里学会北美手势语。研究人员用斯坦福-比奈量表（Stanford-Binet）测得可可的智商在85和95之间，略微低于人类儿童的平均值。但是，在这种人类中心论的智商测试中，可可犯的几处"错误"并不能算是错误，例如：对大猩猩来说，避雨场所是树，而不是房子。因此，可可真正的智商值可能要稍微高一些。

　　可可达到的成就令人欣喜又发人深省，当可可看到一匹上了嚼子的马时，它会做手势说："马儿伤心了。"帕特森问可可为什么，可可又做手势回复道："牙齿。"可可甚至会尝试模仿人类说话，它曾尝试过打电话，而惊恐万分的接线员追溯了这通电话的来源，以为打电话的人快要死了。1976年，3岁半的雄性低地大猩猩"迈克尔"（Michael）加入了可可的训练。帕特森告诉可可一只新的大猩猩宝宝就要来了，当可可看到重达50磅（1磅约合0.45千克）的迈克尔时，它用手势回复说："错，老。"在两年的时间里，大猩猩可可和迈克尔一直都在使用北美手势语与对方谈话。

研究人员设计了一个带有声音合成器的特殊键盘，可可和迈克尔按下一个键之后，其选择的单词就可以通过扬声器大声地说出来。可可的表现尤为突出，通过使用北美手势语和键盘，它全方位展示了与所有人类小孩一样的情绪、幽默感以及智商。[11]

帕特森将研究推进了一步，她认识到人类语言的主要特征之一是移位性（一种能在实际交流中谈论遥远时空中发生的事件的先天能力），于是测试了可可能否在实际交流过程中标注出同时发生的事件，或是在语言上使用移位进行再创造。帕特森大胆地提出疑问："动物们是不是能够用它们的符号来指代一些更早或更晚发生的事件？"研究人员很快就发现，可可能够很容易地谈论过去遭受的咬伤事件，也能描述过去的情绪状态。[12] 在可可说谎时，移位性也体现得很明显。可可主要会用移位性来逃避指责，也会用其来展示自己的幽默感和厚脸皮。例如，当可可在嚼一支红色蜡笔时，帕特森问道："你没有在嚼那支蜡笔吧？"可可用手势回复了一个"嘴唇"后，便开始用蜡笔先碰碰上嘴唇，再碰碰下嘴唇，好像这是一支口红。这件幽默逸事掩盖了一种更深层次的启示，即一个非人类能用语言扭曲听者对事实的认知。在帕特森对可可做这样的实验之前，语言的这种用法原本一直被当成人类的专属特权。

与 20 世纪中叶的博物学者对大猩猩智力的低估相反，21 世纪初的灵长类动物学家如今认为大猩猩的智力与黑猩猩相当，这大部分要归功于帕特森的研究。但大猩猩和黑猩猩之间还是有着极大的不同。可可与她那些会手势的黑猩猩近亲比起来，使用手势时要更为谨慎小心，她使用手势语较为频繁，并能用手势语解释更大范围内的活动。[13]

到 1999 年，距实验开始已过去 27 年，可可仍然能够活跃地使用它那 46 键的发音键盘。这种键盘除了有通常使用的字母和数字外，每一个键都用十种颜色之一画上了一个简单随意的几何符号，可可理解键盘上的这些"单词"代表了物体、情绪和动作。这些单词中还包括代词、介词和修饰词，能够组成简单的句子。她会耐心地用一只手的食指敲键盘，另外一只手空出来比手势，所以可以同时敲键盘和"说话"。可可和其同伴迈克尔能频频使用北美手势语的上百种手势。这项持续进行的研究项目会继续革新我们对动物交流和"语言"的理解。

黑猩猩

1967 年是人猿交流里程碑式的一年，因为正是在那一年，黑猩猩"瓦苏"用北美手势语比了一句话："给我糖果。"20 世纪 60 年代到 80 年代是进行人类与黑猩猩交谈实验的重要时期。早期的研究人员对黑猩猩"维琪"（Viki）和"萨拉"（Sarah）进行了多年实验，研究人员使用各种塑料板或口语单词进行教学，但它们习得的词汇极少。相比之下，瓦苏在头 22 个月的训练过程中，就学会了 34 种北美手势语的表达。到了两年后的 1970 年，瓦苏总共学会了 132 种手势，其对手势的使用同人类儿童在学习说话初期打手势的方式类似。[14] 显然，对于瓦苏的训练员艾伦·加德纳（Allen Gardner）和比阿特丽斯·加德纳（Beatrix Gardner）而言，黑猩猩习得语言的困难之处在于它们无法控制自己的嘴唇和舌头，不能够发出清晰的声音。同样，类人猿的咽部结构使得它们无法像人类一样送气，只能利用咽喉发出最简单的声音，如咕哝声、尖叫声、呜咽声等等。艾伦和比阿特丽斯是利用手势语教授灵长类动物的先行者，他们的实验结果十分惊人，启发了弗朗辛·帕特森利用北美手势语来和大猩猩可可交流，他们同样启发了杜安·兰波（Duane Rumbaugh），兰波将黑猩猩"拉娜"（Lana）置于美国佐治亚州亚特兰大耶基斯灵长目研究中心的电脑控制台前：拉娜最终能够在随意编码的键盘上"敲出"一些合理、非随机性的语句。[15]

20 世纪 70 年代初，语言学家仅基于针对黑猩猩的研究成果，就一致认为瓦苏和其他的类人猿都不具备我们所理解的那种语言能力；然而到了 20 世纪 70 年代末，得益于帕特森对大猩猩可可和迈克尔的实验结果，语言学家们要么完全收回，要么极大改变了这一负面评价，大多数语言学家后来承认，类人猿似乎确实具有某种形式的"语言能力"。最近，人们在黑猩猩的脑内发现了一个通常被认为对人类使用语言至关重要的大脑特征，即位于耳朵上方的不对称颞平面；但是人们还不清楚不对称颞平面会如何或是否会影响黑猩猩的语言能力。这种不对称颞平面在接受和生成语言方面的确切作用尚待确定。

在 20 世纪 60 年代到 80 年代人猿之间双向交流的实验中，一些猿类学会了手势语，另外一些使用了专为实验发明的符号语言，这说明使用手势和符号没有真正的差别。类人猿们确实学会了与其人类训练员交流信息，其中不乏佼佼者，可见它们的"语言"神经通路早已经以某种非特定的形式存在了。但是最重要的问题还没有解决，那就是：人类和猿类之间的交流是否可证明类人猿能够用与人类相似的方式使用语言呢？或许瓦苏只是为了得到奖励而比出一些含义模糊的手势，可可比出的手势也可能被人们用先入为主的观念做了过分解读。其他一些黑猩猩可能也只是对细微的身体、声音以及环境线索做出反应，而不是在使用真正的语言。悲观笼罩了整个研究领域，研究经费大幅缩水。但接下来倭黑猩猩"坎兹"（Kanzi）改变了这一切。

倭黑猩猩

我们人类与黑猩猩的基因相似度达到99%，而倭黑猩猩具有更多类似于人类的特征。在野外，人们观察到倭黑猩猩个体会经常一边使用身体语言，如手势、面部表情、姿势、方向等，一边发出声音来和同伴进行交流。例如，在倭黑猩猩中至少有20种手势和喊声代表想要进行交配的意思。那么使用这种"自然语言"的野生倭黑猩猩，是否具有能够让其以人类更为熟悉的方式来使用语言的神经通路呢？最近由美国人苏·萨瓦奇-兰波（Sue Savage Rumbaugh）所做的一项实验得到了科研机构的称赞，这项实验不仅给了这个问题一个肯定的回答，还揭示出类人猿语言能力此前不为人知的一个维度。[16]

人们教倭黑猩猩坎兹用符号字（耶基斯语）与人类交流，这种符号字是一种带有符号的键盘，键盘上的符号代表着特定的单词或是行为。坎兹不同于其他"受训猿"的地方在于，其反应是激发出来的，而不是训练出来的：坎兹被"鼓励"自发且创造性地使用这些符号与人类和其他灵长类动物交流。在这种人为的训练环境中待了几年之后，坎兹还学会了理解英语语音指令，包括提问和陈述，对此它都能用键盘予以回复。现在，键盘还能发出语音，替坎兹做出回答。鲜有灵长类动物的表达能如此接近人类可以轻易识别和理解的词汇、句法，坎兹似乎快要能够使用人类观念中的"语言"了。[17]

有一次，萨瓦奇-兰波发现她的钥匙被研究中心的一只黑猩猩给偷走了，她让坎兹去帮她拿回钥匙。坎兹走到小偷那里，在后者的耳边"窃窃私语"了一番，随后便拿着被偷的钥匙走了回来。坎兹还可以通过电话识别人声，且能够对这些电话信息进行适当的回复，尽管它对声音信息的回复一定要借助电子声音或符号的帮助，不过仍然能够和其训练者进行与人类语言交流相似的声音交流。目前，坎兹正在使用带有256种几何符号的符号字，黑猩猩们也在学习使用坎兹的符号字。一个奇怪的发现是，有着学习障碍的人类小孩可以学习使用改编过的倭黑猩猩符号字，并从中有所收获。

在最近的一项测试中，测试员们向坎兹和人类幼童提出了660种此前没有提出过的要求，例如"把苹果放进帽子里"，测试的结果是：坎兹的得分要高于一名两岁的儿童。它似乎能够像一个两岁半的儿童一样，对语言做出反应并自发性地生成语言。萨瓦奇-兰波已经让大多数专家相信，猿类跟儿童一样，能够在理解的同时自发地使用语言，即通过听，将说出的单词与其代表的物体、符号和动作联系起来。

如果一名两岁人类的语言能力能被定义为"语言"，那也可以说倭黑猩猩坎兹是在和我们"说话"。[18]

真的存在非人类的"语言"吗？还是说，我们只是将语言"安给"了非人类生物，也许把并非语言的声音或姿势强行理解成了语言？正如出生在奥地利的哲学家路德维希·维特根斯坦所言："即使狮子会讲话，我们也听不懂。"类人猿在野外的交流与实验室里人类与猿类的交流极其不同：前者包含了丰富的身体语言与声音的组合，而后者只是在人为创造的人类环境中促使猿类使用人类的符号或是单词予以回复。[19]大量对照实验证明，虽然人猿交流的媒介并非自然，且猿类经受过一定训练，但这种通过声音、符号交流重要信息的行为亦是自发且具有创造性的。通过使用先天存在的神经通路，动物们确实是在以一种有意义的方式对我们表达，和我们交流。[20]

但是，人类和动物之间的交流几乎没有提供任何关于动物在自然环境中相互交流的方式的信息。灵长类动物可能在传递复杂的信息，但是它们交流的信息内容仍是未知的。人类可能教会了非洲灰鹦鹉和倭黑猩猩以人类的方式交流，但非洲灰鹦鹉和倭黑猩猩可不会去教人类以非人类的方式交流。

人类对大多数动物物种的无知和傲慢一直持续到 20 世纪中

叶，这一态度在 20 世纪下半叶被一种夸张的信念取代，该信念认为动物本质上是与人类平等的，甚至认为动物具备相当的智力。这种非理性的辩证逻辑认为动物确实会在野外使用某种语言，借此找到了一种更加理性的平衡。动物可以通过人为或是非自然的媒介，被训练得能够与人类和其他非人类物种进行自发且具创造性的交流。参照人为定义的智力界限，动物与人类进行交流时的智商有时近似人类幼儿。不过话说回来，我们必须承认非人类物种的相对智力问题可能根本不值得一提。

对非人类物种自身而言，它们学习并积极使用的语言既不是无足轻重的，也不是转瞬即逝的。20 世纪 70 年代初，研究人员教会了黑猩猩"布鲁诺"（Bruno）使用北美手势语；1982年，该研究项目被迫终止，布鲁诺被移送到一所医学实验室。1992 年，布鲁诺在没有他人提示指导的情况下，仍然在使用北美手势语，激励实验室的技术员去学这种手语和它交流。其他猿类也会主动带领同类和后代学习从人类那里学到的交流方式。对这些动物而言，一旦习得人工语言，它们就会把其当作重要的社交因素，也许这种对人工语言的认同是本性使然。[21]

更重要的是，对动物交流和语言的研究使我们能够更加了解人类语言的演化过程。有一事实绝非巧合，即那些尽管只能通过电子手段发声，但表现出拥有最接近我们所设想的语言的动物，在基因上也确实与我们最接近。人类关于语言构成的概念必然是以人类为中心的。我们不是在寻找动物语言，而是寻找人类语言。当我们设计出各种方法想要从其他生物身上找到语言时，通常会把它们限制在人类的藩篱之中。大多数人类-动物语言研究员创造出的交流媒介不仅非自然，而且秉持人类中心论，与自然语言几乎毫无关联，甚至最客观的研究员也不能免俗。在这点上，帕特森和萨瓦奇-兰波这样的研究员则令人起敬，她们将类人猿在实验室里的眼神、手势、姿势和态度的语义内容，与说话和敲键盘的能力同样视作交流模式。

是什么令人类与众不同呢？我们不再是唯一会制作工具的物种，我们似乎也不再拥有语言的专利。或许人类只是演化出了一种更为复杂的交流机制，这种交流机制为其创造者带来了前所未有的益处。

根据最严格的定义，语言或许可以被理解成一种媒介，通过它，交流者可以在有意义的句法中，利用主观的符号，即具有语法规则的话语或是图形表达，来交流复杂的思想。尽管人类目前认为只有智人具备语言能力，但受最近关于人类和动物交流实验的启示，我们有必要重新审视这个古老的假设。

或许最好的方法是将其他动物看成与人类同样的"管理-评估者"，不管是人类还是动物，都试图通过结合各种各样的交流手段，让其他生物服从于有益于个体、群体和物种的发展方式。"管理"与"评估"之间的相互作用或许可以解释动物交流的整体演化：真正影响自然界中生存和成长的是交流行为所达到的结果，而不是交流的内容。在更为复杂的"管理–评估"的演化过程中，以声音交流形式出现的语言是所有社会互动的基础，相对而言也至少是复杂思想的载体，这样的语言似乎只在一种动物中自然出现。

　　那就是人科动物（原始人类）。

第二章

会说话的类人猿

我们的类人猿祖先显然拥有那些达成充分信息交流所需的神经通路。但是，类人猿的嘴唇和舌头缺乏协调控制能力，它们也无法控制呼气。尽管从生理上讲，类人猿可能具备说话能力，但其言语很可能完全不同于我们现今对"言语"一词的理解。现代人类大脑的容量是任何现存的类人猿脑容量的两到三倍，如此大的脑容量赋予人们使用口语、进一步阐释口语，以及用口语进行解释的强大能力。人类语言的历史也是人类大脑及其认知能力的历史，两者共同发展。这是一个古老的故事。

在700万到500万年前的非洲，或许是由于不同的饮食习惯，人科从其他原始猿类物种中分离出来。[1]人科下的两个主要的属各自分化，它们分别是南方古猿属和人属。

最晚于410万年前出现在非洲大裂谷的南方古猿，为了生存而被迫去适应地球上不断改变的气候环境。南方古猿与它们的类人猿近亲相比更偏好食肉，演化出了双足直立行走的能力，这让它们能够用空出来的两只手在更大的范围内收集食物和打猎。根据一些专家的观点，南方古猿因其饮食热量高，大脑质量占体重的比例随之增加。伴随着非洲森林面积的持续缩小，这些强壮的南方古猿在身体和心理上都做出调整，以适应荒芜开阔的新热带草原。它们在小群体里形成了更好的合作关系，打猎时间延长，狩猎距离也变得更远。尽管黑猩猩也会在森林里成群结队地捕猎猴子，但类人猿从来不曾展现出在热带草原捕猎所需的社会强制力，然而在非洲热带草原的土地上，古老的南方古猿还是得以兴盛繁衍。但是，300万年前的非洲南方古猿也没有展现出不同于现代大猩猩、黑猩猩和倭黑猩猩的语言能力。尽管非洲南方古猿掌握了直立行走的能力，是会行走的类人猿，但大多数专家认为它们还不能被算作会说话的类人猿。[2]

人类的发声语言似乎首先在人属中产生，下文会对此加以解释。大多数专家目前猜想，南方古猿属中的一个种，可能是生活在南非的南方古猿或是生活在东非的阿法南方古猿，繁衍出了最终在约250万年前演化为人属物种的后代（不过，人属同样有可能是与南方古猿并不相关的属）。已知最古老的人属物种大约出现在240万年前，即能人（*Homo habilis*）。非洲的气候再次改变，变得更加干燥和寒冷，雨林面积缩减，草地面积增加，这时能人出现了。从演化角度看，脑容量在 400 到 500 毫升的南方古猿显然不适应这种气候环境变化。而有着 600 到 750 毫升更大脑容量的能人，则具有适应新环境的额外特质，即更长、更接近现代智人的四肢，这恰恰是南方古猿缺乏的，因此能人一直兴盛到大约 160 万年前。能人没有武器，以比自己跑得更快、更强大的食肉动物的猎物残渣为食。但是，能人能制作出石锤等简单的石制工具，也是第一种能够利用火的生物。

能人凭借更大的脑容量，形成了大型的能人群体，偶尔还能有食物剩余，群体得以扩大，变得更为复杂，故更规整的社群应运而生，那些有着更高智力的能人加速繁衍。这种协作过程又令能人演化出了更大的脑。人们在能人的颅骨中首次发现了大脑中凸起的布罗卡区（Broca's area），这一区域对言语和手语的产生至关重要。[3] 由此可见，能人可能已经具有了可以产生非常初级的语言的神经通路。

但是，从身体角度而言，人类言语还不可能在那么早的时期产生。在寻找人类语言起源的过程中，产生有声言语所必备的身体特质常遭忽视。在 20 世纪的最后 20 年里，科学界才开始认真地研究这一问题。大约在 160 万年前，人科物种匠人（Homo ergaster）出现，匠人胸腔内的胸椎上有一个较小的洞，能让脊髓从中穿过，这与今天在非人类的灵长类动物身上发现的小洞类似。该脊柱区域的神经能够控制专门用来呼气的胸腔肌肉。然而神经组织太有限，那么小的洞无法控制对言语而言所必需的呼气，因此这两类最早的人属物种都只会使用短促、缓慢且未经调整的言语模式，而不会说出清晰的言语——有意义的人声被系统排列。

除此之外，匠人的喉部仍然跟人类婴儿的一样。从解剖学角度而言，人类婴儿只有等到一岁及以上，喉咙中的喉头下降之后才能发出大部分的人类声音，而类人猿的喉头永远都无法下降。早期能人的颅骨表明其喉头仅稍稍弯曲，可见能人并没有演化出现代成人那样的喉头。尽管他们具有或可用来产生言语的神经通路，但显然还是缺乏产生言语的身体器官。

供人类说出清晰的言语的身体特性似乎在 160 万年到 40 万年前之间得到相对较快的演化。研究人员发现的体现了使用有声言语可能性的最早人科化石可追溯至 40 万年前，那属于一个全新的人科物种：直立人（*Homo erectus*）。

直立人

现代科学如今证实，至少存在三种重要的人属物种，按照演化顺序排列分别是能人、直立人和智人，很可能仅有后两个物种踏出过非洲。他们之所以能走出非洲，是因为他们通过基本的语言，形成了一种更高程度的社会组织，使得群体性迁移成为可能。一个目前颇受认可的模型认为，直立人是第一个离开非洲的人科物种，他们跟随大型猎物走出了非洲，并且留下了其精心制作的手斧。

19 世纪 90 年代，印度尼西亚爪哇岛上出土了一批可以追溯到 70 万年前的人类头盖骨、臼齿以及股骨的化石，证明一种最初被称为"爪哇人"的早期人科物种居住在当时东南亚的巽他古陆上。后来的发现证实了另一个物种的存在：直立人。这个人科物种可能是从大约 200 万年前的非洲演化而来，在间冰期延长时期，他们跟随兽群穿越非洲草原，久而久之几乎彻底变成了食肉动物。直立人的出现代表着人科物种演化过程中的一个重要进步，与之前所有其他的人科物种相比，直立人要更瘦、更高，跑步速度更快，也更聪明。从颈部以下来看，直立人与现代人类十分相似，但是直立人有着更强壮有力的身体，其头部眉骨外突，前额下倾。一些专家认为直立人以肉食为主的饮食习惯提供的过剩能量令其拥有了更大的脑容量：其脑容量为 800 到 1 000 毫升，而智人的脑容量为 1 100 到 1 400 毫升。

更大的脑容量使得直立人在自然界进行了空前的发明创造，他们制作出了第一把手斧，如今世界上最古老的手斧遗址位于埃塞俄比亚的康索-加尔杜拉（Konso-Gardula），制作时间可以追溯到 170 万年到 137 万年前。直立人会用石制的小薄片和卵石工具屠宰猎物，可能也会使用骨头和木头。凭借多用途的工具以及现成的肉食，直立人显然成了首个能适应全球居住环境的人科物种。

直立人似乎很早就离开了非洲，几乎与其首次作为一个物种出现在非洲的时间相差无几。（一种反对说法称，有一个人属物种此前已经离开了非洲，在其他地方演化成了直立人，然后移居爪哇岛并返回了非洲。）总之，大约 200 万年前，也就是在海平面上升之前，直立人似乎就已经定居在位于巽他古陆的爪哇岛了。

爪哇岛一环至关重要，在 1997 年之前，人们一直认为因为言语和智力的缺乏，直立人无法跨越华莱士线。华莱士线是分隔巽他和龙目岛的一条不可见的界线，也将亚洲的动物群与澳大利亚的动物群分隔开来。事实上，直至彼时，人们仍认为华莱士线是直立人和智人不同能力和活动范围的分水岭。[4] 但是，1997 年，人们在横跨华莱士线的龙目岛东部的弗洛勒斯岛上发现了可以追溯至 90 万年到 80 万年前的石制工具和饮食遗迹，这似乎证实了直立人具有的智力和社会组织足够支持它们建造起竹筏，横跨分隔巽他和其东面邻岛的长达 17 千米的海峡，即使在海平面最低的时期也是如此。（10 多年前，一位荷兰古生物学家曾指出，在大约 90 万年前，是人类造成了弗洛勒斯岛上的侏儒剑齿象的灭绝。）

制订复杂的计划需要复杂的思维过程，其社会实施需要高度的社会合作。这意味着需要使用带有条件句的语言，即有意义的短语和句子排序。例如"如果我们干什么，那么什么和什么就会发生"。我们似乎可以从弗洛勒斯岛上的证据推断出，差不多早在 100 万年前，直立人就能够在他们的言语中表达出这种形式的条件命题了。这已经远远超出了人类向符号思维（象征性思维）迈出的第一步。

专家们直到最近才接受了直立人可能具有说话能力的观点。这一观点源于对直立人的社会组织能力的认可，该能力也可通过其在全球范围内达到的成就得到证明。但是，直立人的语言不太可能是我们所理解的那种语言，他们体内能让脊髓横穿其间的最低椎骨上的洞太小，无法控制呼气。直立人可能可以说出简短且具有意义的话语，或许他们确实处在慢慢演化到能说条件句的阶段，但从解剖学角度而言，他们还是无法说出复杂的长句。[5]

直立人的足迹似乎遍布整个旧大陆。最近在加利利海附近的以色列尤贝蒂亚（Ubeidiya）遗址出土了包括许多手斧在内的 1 万件石制工具，这些石制工具的年代可追溯至 140 万年前。直到 20 世纪 90 年代，人们还认为 50 万年前并没有人类进入过欧洲。然而，直立人早于 50 万年前出现在欧洲的证据，几乎每年都会出现在考古记录里。当然，这与欧洲的人类语言历史直接相关。

1996 年初，人们在罗马东南方向 80 千米处的切普拉诺附近发现了许多头骨碎片，初步认定碎片是属于直立人的。这些头骨被拼合在一起，年代可追溯至 80 万年前。但是这些头骨的中央部分缺少轻微的弧度，并且要明显大于典型直立人的头骨。近期，人们在位于西班牙北部的阿塔普埃尔卡山的格兰多利纳洞穴遗址中发现了差不多 100 件可能属于直立人的化石，出土的石制工具的数量则有化石的两倍之多，这些化石和石制工具的年代可以追溯至 80 万年前。制作工具并不需要语言，然而跨越直布罗陀海峡的"民族迁移"，同跨越位于印度尼西亚的华莱士线一样，需要语言支撑。格兰多利纳洞穴遗址中出土的化石和 20 世纪 50 年代在阿尔及利亚找到的直立人的残骸碎片的相似性表明，直立人几乎是在同一时期从北非跨越海峡，来到了西西里岛和形如靴子的意大利半岛上。1991 年在格鲁吉亚共和国出土了一块直立人的下颌化石，其年代或许可追溯至 160 万年前，不过也有几位西方科学家对此表示怀疑。目前累积的证据都表明：在 100 多万年前，直立人可能从西南面、南面以及东面等不同的方向进入了欧洲。但是，这一观点并没有得到所有古生物学家的认同。[6]

与早期的人科物种相比，这些早期的欧洲人显得出奇地成熟。位于英格兰东南方向的博克斯格罗伍遗址证明，在至少 50

万年前的一段较短时间内，早期人类就已经在那里用精心制作的木矛捕猎野牛、野马等大型危险动物了。这种做法并不是在早期非洲直立人的定居点附近搜寻食肉动物留下的食物残渣，而是一种合作捕猎，规模上要远远超过黑猩猩们在森林里集体捕猎猴子。要想以这种方式进行计划、协作和埋伏，言语至关重要。

就在最近，德国科学家认识到了近50万年前生活在中欧的直立人社会的复杂程度。1995年，位于德国马格德堡西侧的舍利恩遗址出土了一大批马的残骸，在上千根马骨以及许多篝火灶台之中，人们找到了5根可追溯至40万年前的长投掷矛。而靠近耶拿的比尔钦格斯莱本遗址在至少41.2万年前似乎曾经是直立人的一个长期定居点，他们的"房子"有三四米宽，还有一片应是为群体仪式铺筑的大区域，其中的人类遗骸破碎四散。这一遗址拥有世界上最大的骨制品收藏，并证明过去有制作加工骨头、木头和石头的人类作坊，在比尔钦格斯莱本出土的一些骨头上似乎还有刻意的雕刻装饰以及规律间隔的线条。尽管这些骨制品的发现者认为这些线条是早期的图形符号，但其他人则认为这些线条不可能蕴含任何人类思维，因为人们通常认为符号思维是现代人类大脑的最典型特征。

大约在35万年前，北欧被冰川覆盖。人类数量变得稀少，并向着更温暖的南方迁徙。1993年在阿塔普埃尔卡山，人们发现了至少 32 具可追溯至 30 万年前的人类遗骸。其中一个头骨显示此人的大脑与现代人类的大脑容量相等，这些早期人类的面部特征与早期的尼安德特人相似（见下文），但这些早期人类的身高则与我们相似。他们是晚期海德堡人、早期智人，还是另外一个新的人属物种，尚无人知晓。因为持续性的人口迁徙，在那时的欧洲或许生活着许多不同种类的类人猿物种。不同种的化石也同样表明了直立人具有显著的种族多样性，体现出比迄今为止人们所认识到的更大程度的基因自由。

欧洲恶劣的气候迫使人科物种以肉食为主，而由于在这种气候环境下打猎具有重重困难，人科物种产生了一种空前复杂的计划、合作和组织方式：早期欧洲人科社会甚至派遣之后长期与主要群体分离的小型狩猎团体。为了能在冰期的欧洲生存下来，来自南部更加温暖地域的移民们必须发展出复杂的社会网络，毕竟他们面临着不是离开就是死亡的选择。最近的一项理论提出，人类可能在有着恶劣天气的欧洲北部区域最早演化出了清晰的言语，这种言语后来才传播到居于别处的其他人属物种中。但是，如果说语言是由基因决定的，那么对其他物种传播语言可能通过异种交配才能实现，这令此最新理论的可信度大打折扣。人们曾推测在异他使用的清晰的语言使得人属物种在 90 万年前横跨华莱士线成为可能，而如果这是事实，那么同样会令这一理论产生矛盾。

直立人此后就不存在了吗？最近，人们对印度尼西亚昂栋遗址采集到的直立人化石的年代进行重新判定，结果发现距今不到 5 万年。可见，或许直立人与到来的智人共同生活在这里。从这方面看来，大多数最近发现的化石似乎至少支持了一种改良版的"走出非洲"理论，即智人出现在这个区域，直立人被取代。[7]也就是说，现代智人在 15 万年到 10 万年前出现在了非洲，接着扩张到了中东和欧洲，在 3 万年前取代了生活在那片区域的尼安德特人，又扩张到了亚洲，并在那里取代了更古老的直立人。与爪哇岛或是中国出土的更早的直立人头骨相比，昂栋遗址出土的头骨有着更高的颅顶。一些专家认为这可以解释为"趋同演化"（即直立人的头骨只是以自己的方式演化而来，就同现代人类一样），或者是当地的直立人与不到 5 万年前到来的智人发生杂交（尽管定义"物种"的一个重要特征就是无法与其他物种杂交繁殖）。

或许早在 90 万年前，直立人就首次演化出了一种清晰的人类言语形式，用以进行复杂的计划和组织。或许从那时起，人类就已经开始使用名字来识别个体了。但是，一名神经学家最近提出，原始的婚姻仪式在人脑中播撒了象征符号的种子，是人类语言的唯一来源，这种说法就无视了人类言语发展的复杂性和古老性，人类言语的发展实际上是一个长期的结构改变和大脑演化过程，受到众多外部因素的推动和影响。这一过程在直立人中已经开始，证据也许是直立人与后来的尼安德特人、智人具有相同的支持言语的身体和神经能力，其以语言为基础的社会都较为复杂。从这种复杂性中可见，几个物种要么是趋同演化，要么是拥有共同起源。

在大约 100 万年前，直立人可能演化出的语言基础有哪些？令人遗憾的是，我们无法去检索早期人科物种的大脑思考过程。人们普遍接受的观点是，人类的有声语言并不直接来源于某些类人猿特征，同样也不与任何已知的野生动物的交流形式相似，例如：类人猿和其他动物关于"火"的原始叫声就不构成一个"词"雏形；其指示词联想过程也非象征性，而仅是关联性的（所谓"指示词联想"，便是说出或写出"香蕉""键盘"等词的举动同其指代物品之间的联系）。因此，再现这些联系的声音或符号，并不是人类意义上的语言，它代表的更多的是人类与动物之间的语言使用联系，就像那些用于人类与动物交流实验的联系一样。人类的有声语言是不同的，它是动态的、象征而非关联的、完全以人类为中心的过程。这是因为人类的有声语言和人类的言语器官以及大脑一起演化，发展为一种独特、自主的功能。但是，认为人类的大脑只能在语言发展过程中演化的设想是不太准确的。

人类有声语言出现的历史，其核心是两个基本问题："词"是如何出现的？"句法"又是如何出现的？[8] 这两个问题或许可以从一项对语言共性的研究中得到最好的解答。语言共性特征可能在人科物种语言发展的最早阶段就已出现了，"词汇"的基本类别，即最广泛意义上的个体交流单位的集合，可能被所有生物共享，并通过不同的表达形式得到证明和阐释，包括蚂蚁的信息素、蜜蜂的舞蹈以及人科物种的有声语言。但是，人们会注意到，一个处于学步期的人类幼儿的语言中的有声词汇并不能组合成更长的句子结构；幼儿使用的词汇也不能用其他的词来定义。处于学步期的人类幼儿的语言缺少句法，就像所有非人类生物在其不同的交流模式中也缺乏句法一样。（用"蜜蜂的舞蹈一定具有句法"来反驳是回避了问题，因为舞步并不能取代发声。）

　　大约在 100 万年前，出于饮食、迁徙和气候变化的原因，也许随着大脑能力的演化，原始人科物种的发声产生了重大变化。自此，语法从模糊不清的有声中浮现出来。基本的有声词汇中可能又加入了简单的词法，例如：一个像英语中"hunt"（打猎）这样的核心单词现在可能演变成了"hunted"（hunt 的过去式和过去分词），用以表达发生在过去的行为。这仅仅是一个例证。或许是为了更好地控制发音，一个更为复杂的声音体系或语音系统应运而生，语音（发出的声音）特性转变成了音素（最小的声音单位）特性：英语中的"dog"（狗）可以与单词"fog"（雾）区分开来。也是在这时，首批特定语言共性或许已经显现，人们或可从现代智人的那些语言共性类型中推断出前智人时期的语言共性。

语言共性应有四种基本类型，其中有几种绝对共性，例如，每种语言体系至少包含三个元音，就像黑色和白色一定要出现在复合色彩中。而在众多倾向共性中，有一种观点认为［p］、［t］、［k］这三个音是通常发塞音（完全阻塞呼吸通道的辅音）的基本发音点，除非［p］、［t］、［k］这三个音已经存在，否则语言中通常不会增加其他塞音。蕴涵共性只有在符合特定条件的情况下才会出现：例如，如果"红"在语言中代表着一种颜色，那么人们就可以假定"黑"和"白"已经在那种语言中存在了。非蕴涵共性不具有先决条件，但可能也会变成绝对或倾向共性：这从所有人类语言都至少包含三个元音这一看似普遍的现象中可见一斑。

美国语言学家诺姆·乔姆斯基提出，孩童具有某种"先天倾向"，这会让他们在自然语言中选择某些特定的正式句子结构规则。他相信，如果人类构建了一种违反这些结构规则的人为语言，那么这种人为语言就根本无法被学习，或者说不能像正常小孩学习自然语言那样，可以被"容易且高效地"习得。但是，乔姆斯基的假设不受直接的实证主义验证，关于"先天性"的概念也同样存在几个严重的问题。[9]最重要的是，这一概念似乎会让人被动接受一些难以确定、令人费解的先天特质，而不是从与观念、认知、社交需求以及信息处理相关的动态思考过程中识别出普遍语言特征。

虽说我们应该注意到乔姆斯基的立场与句法有关，但不妨先从句法、句子结构转向语言的词汇或合成词，来暂时扩大对共性的讨论范围。前文所提及的黑、白共性并不是真正意义上的"颜色共性"，而仅是人类大脑感知过程的产物，人类人脑可能会用"黑"和"白"来标记亮度，而色调被单独编码成"黄／蓝"，"红／绿"，等等，这样就建立起彩虹包含的七种主要颜色，而所有种类的语言似乎都在用不同方式处理彩虹颜色问题。

同样，仅说所有现代人类（智人）的语言都至少包含三个元音，严格来讲并不充分，缺乏一条重要的限定条件，即那些仅有三个元音的语言只包含 [i]、[a] 和 [u] 这三个元音。近期一些研究表明，从解剖学角度来说，就算是尼安德特人也无法明确发出这三个属于智人的元音。至此，肯定会有人接着问"为什么"，答案是这三个元音具有最大程度的声学显著性。根据元音分离的动态作用，附加元音会被均匀地安置在这三个基本元音之间。

另一个与大脑认知过程联系起来的例子是，在所有语言中，单数出现的频率都要高于复数，复数出现的频率要高于组合名词。也就是说，人类大脑会在一个个体类型出现前先记录一个特定的个体，在一个群体类型出现前先记录一个特定的群体。

由此可以概括出一条动态共性，即在所有语言中，简单标记都先于不那么简单的标记。[10]（标记意味着通过识别特征来进行限定。）

那么，句法共性是否早在直立人那里就发展出来了？那时似乎确实存在许多句法共性，例如：所有的语言似乎都规定将形容词（如"大的"）放在它们所修饰的名词（如"洞穴"）附近。大脑感知的"归属性"在人类语言中起到的作用是限制"归属物"之间的距离。在思想上可归为一类的东西，在语言句法表述中也会聚集在一起。诗歌常常使用矫揉造作、陈旧和牵强的句法（例如荷马、维吉尔和松尾芭蕉的诗作），但也有一些令人欣喜的例外，有些诗歌使用了高度标记或是不太常见的言语表达方式，而这种句法共性在大多数语言中都能找到。

在数十万年的时间里，直立人或许已经发展出与包含人类语言要素的语言处理类似的形式。这一事实本身的含义可能比较隐晦、有限，但其体现的人类语言共性特征的意义可谓明显：所有人都得张嘴说话；所有人类语言都有动词（动作或情态词）和补语（主语或事物）；所有人类语言都有祈使句、陈述句、否定句和问句。对当前的研究来说，语言更大范围内的普遍动态性更为重要，例如：在所有语言中，有意义的短语和句子顺序似乎会跟系统的构词法唱反调，复合词（"蜂窝"，beehive）跟短语（"蜂窝方向"，to the beehive）相对立，还有更多类似的对立例子。

另外一个关于直立人逐渐说出清晰言语的问题是语言交流功能对语言自身形式的影响程度。先天论者认为，语言共性是物种继承的自主语言模块固有的特点。功能论者则会主要利用语言处理过程以及由此产生的压力来解释跨语言障碍或是共性。检视先天论者和功能论者的辩论，我们或许能达成一个折中的立场，即自主句法约束和过程复杂性在语言产生中分别扮演了基础和互补的作用。[11] 语言的交流功能确实动态地影响了语言的形式（对比"蜂窝"和"蜂窝方向"），但是在特定的继承约束下，"大洞穴"（big cave）中的两个词似乎不论从思想上还是句法上都紧紧连在一起。

然而，所有专家都认为，人科物种对语言和手的控制都与大脑功能密不可分。手势是构成人类言语必不可少的一部分，它实际上还能够促进作为语言能力基础的大脑活动过程。手势不仅能提示观者和听者，还有助于说话者思考。在很早的时候，手语可能就以一种目前仍然未知的方式，促进了人类有声语言的发展。

尼安德特人

尼安德特人那与众不同的特征在 30 万年到 23 万年前的更

新世中期开始显现。[12] 从解剖学角度而言，尽管尼安德特人与后来的智人可能是从同一祖先演化而来的，但二者颇为不同。19 世纪 50 年代，人们在德国杜塞尔多夫附近的一处采石场中首次发现了尼安德特人的化石。自那以后，从直布罗陀到伊拉克，尼安德特人的遗骸不断被挖掘出来。尼安德特人可能生活在以大约 30 人为单位的独立群体中，其总数从来没有超过几万。最早的尼安德特人，即前尼安德特人高大精瘦，在这个偶尔处于亚热带温暖气候的地区，保留了许多早期直立人的特征。

在大约 18 万年前，欧洲再次被冰川覆盖。绝大部分前尼安德特人可能向南和东南方向迁徙到了中东。当冰川慢慢消融，许多族群又重新在欧洲定居。但这些族群不再由高大精瘦的前尼安德特人组成，取而代之的是矮壮结实、胸部发达、四肢短小有力的尼安德特人，从解剖学角度而言，这样的体质有利于保存热量，有助于应对欧洲冰期严酷寒冷的气候。尼安德特人既采集贝类和植物、捕捉爬行动物，也捕食大型动物。相比使用精良的武器，尼安德特人更多通过策略和合作来捕猎。尼安德特人化石中发现的牙齿磨损痕迹证明其在制作保暖衣物时经常会用门牙咬着兽皮，就同今天的因纽特人一样。尼安德特人会埋葬死去的同伴，照顾跛足的同伴，也喜欢个人装饰。尼安德特人的工具制作精良，常用于剥兽皮，他们还是制作燧石的能手，那是一项高度复杂的技术。尽管尼安德特人拥有比现代人类更大的大脑，但这种过剩的脑容量可能被用于应付其额外的体重，毕竟尼安德特人似乎总是选择使用肌肉而不是大脑行事。

大多数专家达成共识：尼安德特人使用了一种与我们的语言相近的原始语言，若非如此，没有任何其他的理由可以解释其高超的工具制作水平以及高水准的社会形态。最近有人提出，从可追溯到 6 万年前的完好的尼安德特人舌骨（在舌头后部支撑喉头的骨头）化石可以发现，尼安德特人的舌骨与现代人类的舌骨相似，可见其舌头同后来智人的舌头一样灵巧敏捷，能够进行频繁且流畅的言语交谈，但这一观点并未得到所有专家的一致认同。[13] 最近，人们还发现尼安德特人舌下神经管（通过颅骨底部控制舌头的神经）的宽度处于现代人类舌下神经管宽度的范围之内。

有人可能会被说服，认为早在 30 多万年前，尼安德特人就通过说更复杂的句子，形成了更复杂的人类思维。[14] 人类脑容量的快速增大似乎正是与这一过程同时发生的。早期人类的那种"孩童语言"逐渐被取代（最初是由直立人使用，随后由尼安德特人赋予其更加复杂的形式），取而代之的是与功能性器官一同快速演化的媒介。功能性器官即容量不断扩张的大脑，这使得有声言语变成可能，而有声言语又令脑容量再次增加。这两类早期的人科物种似乎可以从精神层面把一天的成就对象化，对这些成就进行分析和鉴定，为明天取得更好的成就做准备，从而超越对食物、热量和性等的日常基本需求。

为了实现这种对象化，创造出丰富的思想，人类大脑需要的不仅仅是指示词，即与真实生活中诸如野牛、火和生殖器等相关的自发性声音。人类的大脑需要一些词来指向其他词，思想和语言系统必须具有自我参照性。为达到这一目标，人类语言或许在很早的时期就已经可以详细阐述一类特殊词，如"到""哪一个""因为""为什么"。这些新的高阶词汇与外部的客观世界完全没有联系，它们可能会与低阶词汇以及固有词汇联系起来组成复杂的句子。复杂的句子是多层次动态思维的基础，现代人类语言诞生于句法——规定短语和句子当中的词和要素如何联结在一起产生意义的规则，句法对人类而言相当重要，然而在野外的非人类"语言"中却找不到丝毫踪迹。

或许是随机突变带来的大脑重构让句法成了早期的人科物种独特有声语言的核心。这种人类语言句法只有在人类同时拥有能处理语言的神经通路和控制送气的呼吸器官的前提下，才能以一种手势语为基础演化出来。这种手势语明显"始于"近100万年前的直立人，或者是早期的亚洲和欧洲直立人共享了这一演化过程。这种演化过程仅在大约40万到30万年前才接近"完成"，差不多在这时，最早的尼安德特人出现在了欧洲。直到大约15万年后出现了解剖学意义上的现代人类，这一演化过程才算完全结束。句法出现之前，人们无法说出清晰的人类语言，在那之后，人类才像我们现在一样说话和思考。这并不是一个突然性的过程，而是经历了几十万年的时间，始于直立人，在智人时代达到巅峰，其后仍然继续演化。

过去的 40 多年里，诺姆·乔姆斯基坚持认为"句法在人类语言历史中具有重要意义"，而此理论只是众多相互矛盾的理论中的一个。但目前，这一理论似乎为观察到的现象提供了最好的语言学解释。大多数关于语言起源和发展的理论来自古生物学、古解剖学以及神经分析学方面的研究，这些研究常常忽视与问题关系更直接的语言科学。关于句法作用的理论或许是人类语言历史上现代清晰言语的精髓，值得认真考量，直到更好的理论出现。

在 10 万到 8 万年前，欧洲大陆再一次被冰川覆盖。尼安德特人再次向南和东南方向迁徙，到了中东地区，这里也同样存在在至晚 9 万年前生活于这片区域的智人的踪迹。在这里，尼安德特人的社交活动、葬礼和捕猎活动与智人邻居别无二致。尼安德特人和早期的智人确有可能以某些直接的方式进行了交流，或许他们之间甚至发生了杂交。杂交行为肯定也会影响到他们各自的语言，产生了某种双语现象。单个的词语借用和音系（声音体系）混杂导致有限的语言系统发生变化。但是由于人口稀少，这种跨物种接触对语言的影响永远无法像物种内部使用地方语言那样富有成效。

尼安德特文化和早期智人文化之间的共性一直持续到 5 万年前左右，彼时新技术，即抛射武器和更精细的切割器突然出现在智人群体中，可见某些智人群体或已实现了某种革命性的"跳跃式"演化，使得他们而不是尼安德特人演化成了现代人类。也正是在这一时期，克罗马农人开始定居在欧洲，他们有着做工精细的灶台、更实用的庇护所以及裁剪独特的衣物。在大约 2 万年时，尼安德特人显然已经灭绝，或许是智人入侵和食物资源争夺造成的。[15]

智人

早前，人们认为古老的智人群体组成了第一批迁徙出非洲的人科物种，过去 20 多年的研究支持这一说法。但是在大约 10 万年的时间里，智人取代了生活在欧洲和中东的尼安德特人以及远东的直立人，后两个重要的人科物种很早之前就已经生活在了这些区域。远古的智人早在 50 万年前就已经演化，他们体格强壮，面部更大，下巴更小，眉骨更突出。18.6 万年前的新一轮冰期造成非洲干旱荒芜，迫使生活在此地的包括智人在内的几类人科物种分化成更小、更独立的群体求生。15 万年前，解剖学意义上的现代人类出现在非洲，他们拥有我们今天所知的所有说话必需的身体特征，这批人类或许同样也出现在了中东地区，而且很可能与尼安德特人发生了早期接触。12 万年前，覆盖欧洲的冰川退去，再次创造了宜人的环境，彼时与我们相似的现代智人出现了。现代智人最古老的骨头碎片可以追溯到这个时期，非洲南部和埃塞俄比亚均有碎片遗迹，现代人类独有的特征一一体现：前额高平，眉骨不明显以及下颌突出。目前其他地方没有出土年代如此久远、明显具有现代智人特征的智人化石。

许多专家认为智人起源于非洲，所谓的"走出非洲"理论以线粒体 DNA（脱氧核糖核酸）为证据。线粒体 DNA 是一种只通过母系遗传的遗传物质，这表明现代人类在非洲生活的时间比在其他地方都长。[16] 此外，该理论还认为具有现代智人特征的最早的骨骼化石同样来自非洲。但是，有一种被称作"多地域演化"的理论与此观点相悖，该理论认为现代人类在多个地域从直立人祖先演化而来，例如澳大利亚原住民清晰地保留了直立人的一些特征。[17] 那些支持后一种理论的人认为，早期人口之间存在着持续的基因交换，他们不认同"走出非洲"理论中基于母系遗传的线粒体 DNA 证据，认为其不能解释几千年来男性在流浪、贸易和繁殖中发挥的作用。但是，通过最近对人类线粒体 DNA 和男性 Y 染色体分布的比较可证，在整个历史长河中，女性迁徙率是男性迁徙率的 8 倍之多。

两种理论都影响了我们对早期人类语言的理解，如果"走出非洲"理论是正确的，那么世界上所有现存的语系都起源于时间相对较近的非洲语言。然而，如果"多地域演化"理论是正确的，那么这些语系便更加古老，并且拥有100多万年甚至更长的复杂发展过程。还存在一种折中理论，即在某些地区，例如欧洲西部地区，智人完全或近乎完全取代了当地的尼安德特人；而在其他一些地区，例如远东，早期人科物种之间可能存在着某种基因流（基因扩散）。在研究语言的宏观族系时，也许我们应考虑一下这个折中理论（如图1所示）。

最近的基因分析表明，至少大多数的欧洲人是首批现代狩猎-采集者的后代，他们在大约5万年前的旧石器时代晚期从中东迁徙到欧洲。从那时起，欧洲的基因遗传一直相对稳定。[18]

南非西斯河口遗址中的一个洞穴是12万年到6万年前的智人定居点。这些现代人类可以用矛捕杀巨大的水牛，家庭活动也十分复杂。用红赭石制作成的"蜡笔"是智人象征性使用颜色的证据。智人工具的分布范围和出处表明，他们会专门制作一些特定工具用于和邻近部落交换。这些早期智人会进行艺术和音乐活动，还会举行仪式，将他们死去的同伴和祭品一起埋葬。这是一个生活在永久定居点的小型而复杂的人类社会。他们具有的关于自然和捕猎的知识与我们具有的关于现代社会和技术的知识一样丰富繁杂，和我们如今一样，他们可能也会使用语言。

早在 4 万年到 3.5 万年前，智人群体就来到了澳大利亚北部，他们在那里的定居点岩壁上留下了一些装饰或符号。在旧大陆，当智人不断取代、吸纳居住在当地的直立人和尼安德特人时，他们同时经历了一场开始于这段时间的"文化爆炸"，这场巨变一直持续到 1.1 万年前：智人用骨头、象牙、石头和木头制作能反映他们自身、动物、标记，甚至是时间（阴历）的手工艺品。他们在洞穴岩壁、扁平石头、圆石以及大卵石上进行绘画和雕刻，或是装饰出惊人的图案，拉斯科岩洞和肖维岩洞遗址便是证明。此外，他们还发明了像手柄和刀柄这样的新工具，设计制作了笛子、鼓和弦乐器。到这一时期，清晰言语以及其所支撑的符号理解能力都以我们今天所熟悉的方式得到了使用，人科物种不再只是"会说话的人猿"，而是成了"会使用符号的人猿"，对此起关键作用的是大脑，而不是发达的肌肉。

人类将手柄和刀柄应用于自然本身。

尽管从来就不存在原始语言，最早的人科物种中还是存在某种语言能力。人类是从没有语言的生物演化而来的，正因如此，大脑区域还具备其他的功能，例如打手势，这些功能也会

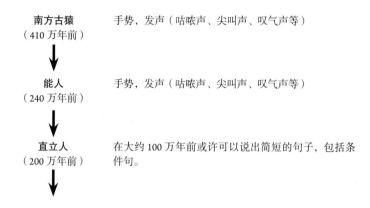

在直立人处有两个明显的主要分支：

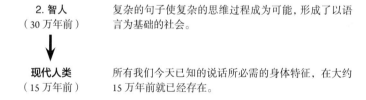

图 1　人类语言的可能演化过程

被用于新的言语任务。（需要注意的是，黑猩猩发声过程中使用的大脑中心区域对人类并不同样适用。）语言是在这些更原始的大脑系统之上添加和细化的，而且似乎还依赖于部分原始大脑体系。

几十万年来，人类的有声语言与人类大脑以及发展中的言语器官共同演化。随着脑容量的扩大，对化学信号和身体信号的依赖同时减少，人类的言语也愈加清晰。反过来，专门性言语器官的演化需要更大的脑容量来适应由言语引起的社会复杂性。因果共同作用，在一种封闭、动态、协同的系统中，各功能相互补充。原始的思想与发声在一前一后的演化过程中，以相同的速度逐步演化成复杂的思想和清晰的言语。现代人类语言似乎继续以这种方式演化，而原始的化学信号和身体信号现在实质上退化成了一种阈下知觉。

所有人科物种，包括我们在内，其基本社会体系可能实质上都是一种猿类社会体系，但是人类拥有独特且复杂的有声语言，并由此形成了一种几乎完全基于此的文化。早在近 100 万年前，直立人就已经拥有了原始人类的语言能力，能够进行某种形式的社会规划和组织，从而实现横跨海洋等大型合作，这是猿类无法完成的。在此之后，直立人或许演化出了更复杂的声音，定居在了更固定的聚落里，技术和礼仪习俗迅速发展，并且设计出了复杂的狩猎策略。大约在 50 万年前，直立人已经具备了符号思维，具有更复杂句法和初始语言普遍性特征的有声言语出现了。尼安德特人和智人显然通过不同方式继承并进一步使这种语言能力演化。正如我们今天已知的那样，现代人类的思想和语言用法最终由智人在大约 3.5 万年前掌握。

在清晰言语漫长的演化过程中，人类数量一直有增有减，他们是战争和疾病、意外和气候变化的受害者，亦是其受益者。上千种语言以及语系不断出现又消失，没有留下丝毫痕迹。人们通过贸易、异系通婚、迁徙、战争以及统治，频繁地与其他人群进行接触，将语言变化现象推而广之。人类通过技术进步和发明新的交通方式，创造出了属于他们自己的活力和生气。语言的平衡期可能持续了上千年，原型语言通过几种不同方言的融合得以形成。这段时期结束得十分突然，继而有系谱的语系诞生了。[19] 也许，正是长期语言平衡期多次被急剧转变打断，才在漫长的岁月里最终形成了语系，产生了我们今天所说的语言。

在形成完全清晰的有声语言时，单个智人群体已能统治半径为 30 到 40 千米的领地，距离他们最近的邻居或许有 40 到 60 千米远。群体成员会和这些邻居进行贸易往来以及通婚，在交换物品和儿女的同时也交换了词、措辞、故事和不同的发音。相近的方言经过长时间的分离，在演化了几百年后变成自主语言。自主语言合并形成混合语言，随之改变了词汇和句法，原本的语音完全让位于其他占主导地位或是权威的语言。通过地区性语言的传播以及内部的调整，新的语系出现，这些语系实际上已经与其母语系或融合语言大相径庭。由于迁徙或其他原因，这些语系融合并产生了更大的语系，语言使用者或因气候变化，或因贪婪和流浪，有的流离失所，有的趁机占领了其他地区，因此，其他种群，即那些少数入侵者的语言取代了本土语言。

在大约 1.4 万年前，唯一在演化中存活下来的人科物种——智人，已经将上千种语言分成了从奥克尼岛到塔斯马尼亚岛，从阿拉斯加到火地岛的上百种语系。在这个时期，许多生活在中东和其他地方的现代人类已经使用带有燧石刀片的骨头镰刀收割野生小麦、燕麦和大麦了。

不久之后，大约 1.2 万年前，气候再次回暖。降水量增加使得最后的冰川向北后退到极地地区。地球海平面急剧上升，将古人类永远分隔开。或许更重要的是，日益变暖的气候产生了一种突变的谷物形态，那是野生小麦与天然山羊草属植物杂交形成的可育杂交种，即具有 28 条染色体的二粒小麦，其种子自然地散落在风中。随之而来的是一次生物革命，分布在新旧大陆 6 个"起源中心"的现代人类，现在可以在固定的地方进行播种和收获。他们开始人工种植小麦和大麦，驯养绵羊和山羊，并建立起了固定的农业群体。在几千年的时间里，耕种本身从园艺演化成了农业，并成为大部分人类的主要生存手段。这些群体生产有余，由此得以兴盛繁荣，人口数量也随之增加。社会愈加复杂，人类仍然世世代代定居在一个地方。第一个由泥砖建造的城镇出现了，区域语言的影响力越来越大，并且被该地区以外的人当作这个特定地理区域的"语言"（tongue）。

现在，人类语言和地区紧密地联系在了一起。

第三章

早期语系

仅在一代人之前，一位著名的美国语言学家认真地提出，印度教教徒使用的古典语言梵语，在本质上与墨西哥原住民帝国的语言阿兹特克语（古典纳瓦特语）在起源上有关联。[1]这种关联的证据来自"相关"词汇中发音的共同变化，人们认为这些词来源于 1 万多年前，即末次冰期结束之前的一种古老的原始语言。但是今天人们认为，这种说法以及世界各地关于古老语言联系的类似理论不符合严谨的科学研究和普遍常识。语言的真实历史要远比迄今为止任何人想象的更为复杂。人们应当通过漏斗的小口，而不是大的那端去找寻世界上最早的语系。然而即使那样，"最早"也仅是一种理想化的说法。

语系指的是在起源上有关联的一组语言，也就是说，它们拥有一个共同的起源，这些语言在形式和意义上显示出非偶然或借用能解释的系统性对应。语言相似性有三个成因：共享系谱、地域扩散以及随机类型共性。只有共享系谱能说明"谱系树"的正当性。根据从共同祖语分化开来所经历的时间的不同，语言相关联的特征在数量和特性上也会有所不同。[2] 历史语言学并非简单推测语言的历史，而是为"构拟"语言提供了一些技巧。运用这些技巧，我们能够区分语言中借用的元素和继承的元素，发现语言特征产生年代的证据，辨识出从一个古老的共同起源发展而来的语言的共有特征，[3] 最终完成对一种语言或整个语系的"分类"，这种分类以单词和语法元素的异同为基础。

现存两种语言分类方式，分别是类型分类和发生分类（又称谱系分类）。类型分类是根据语言的特征将语言联系起来，这些特征可以被分为特定的语言现象类型。例如：一种语言可能是孤立语，如汉语普通话就是一种词根语。孤立语往往一个词只有一个语素，语素即语言的最小意义单位，如"这"或"书"。但是，一种语言也可能是屈折语，一个词能找到多个语素，而它们之间的界限并不清晰。拉丁语就是如此，在拉丁语中"身体"这个词写作 corpus，根据其在句子中的作用，该词可以有不同的词尾，如"corporis""corpori""corpore"，此情况被称为"屈折变化"。这种屈折变化的语言即为屈折语。第三种是黏着语，在黏着语中一个词可能包含许多独立的语素，这些语素可能是自由的，即语素本身是独立的，如英语中"drive"（开车）这个词；同时，语素也可能是黏着的，如英语"driver"

（司机）这个单词中的"r"，因为这种语素无法单独具有意义。土耳其语是黏着语，跟其他所有的黏着语一样，单词词根和词缀彼此区别，语素之间界限分明。遗憾的是，这样的类型分类无法提供直接的历史信息。在类型分类中，重要的是语言之间的关联相似性，而不是实质相似性。

发生分类试图通过语言的起源和关系将它们联系起来，并根据一个语系内子群和语言间的相互关系对相关的语言进行比较，例如法语和意大利语属于罗曼语族，日耳曼语族和罗曼语族属于更高层次的印欧语系。既然发生分类是着重基于语法形式和范例而非词汇的分类，那么这种方式就能够提供直接的历史信息。因此，发生分类是了解人类语言近代历史最有效的途径和方法。

一些语言因其独特的地理或技术环境因素，从来都没有产生过衍生语言（也译"子语"），但这些语言的使用人数增加，以至于只包含一种语言的语系形成了一种"族系语言"。地理因素使埃及语成了一个典型例子，其衍生语言都是历时（后来形成）的。而在现代科技促成全球性交流的背景下，英语也显现出同样的潜质。其他语言会扩展，会在有利的条件下生成衍生语言，在不利的条件下减少衍生语言生成，仅保留极少的衍生语言，凯尔特语族就是如此。

尽管在有利环境下，一种语言通常可能在 2 000 年的时间内产生 8 到 15 种幸存下来的衍生语言，就像西日耳曼语支、罗曼语族和东波利尼西亚语族中发生的那样，但有利的环境是相对而言的，并没有确切理由认为这种现象是衡量语系存在时间长短的一般规则。也就是说，没有证据表明一个有着大约 100 种衍生语言的较大语系（如印欧语系）一定有着大约 6 000 年的历史，也没有证据表明一个有着 1 000 种或更多衍生语言的超级语系（如"尼日尔-刚果语系"和南岛语系）一定有 1 万年之久的历史。其中有太多的不确定性，可控因素太少，矛盾现象又太多。事实上，如果有人要寻找全世界语言的原始起源，它可能恰好存在于今天超级语系外围的小型、残留的孤立语言之中（比如巴斯克语这样独特的未分类的语言），这些孤立语言直到最近才被其他语言入侵，它们也许一度是所在区域内使用最为广泛的语言之一。

由于上述和其他一些原因，古语言学家们不再试图去发现空想的"最早的语言"，而是去了解曾经存在过的众多古老语言的复杂性。世界上每一块大陆上都存在着一种古老语言模式，但经历了漫长岁月洗礼之后变得极度模糊不清。一项最近的创新研究聚焦于分析语言群组更为普遍的特点，而不是个别语言的演化。[4] 该研究根据语言样本特征的分布和统计频率，在所有大陆范围内共区分出 174 种语系。研究总结称，自 10 万多年前走出非洲起，智人的扩张似乎经历了三个阶段：首先，如果人们承认存在"独立、最初的移民",那么在第一阶段中并没有语言特征留存下来;第二阶段是智人在 6 万到 3 万年前移民美洲,正是在那时萨胡尔语系(包括塔斯马尼亚语、澳大利亚语和巴布亚语)进入了澳大利亚区域;最终,冰后期出现了大型且复杂的社会,创造出了比以往更大的经济和政治权力系统,随后基本上破坏了人类语言的多样性。

但是,在长达 10 万年的时间里,相近的语言和语系之间可能具有的相似性已经被持续不断的语言变化完全抹去了。[5] 原始语言,比如原始汉藏语系在产生时间上可能并不早于 1 万年前,但也肯定不会晚于 6 000 年前。人们就连距今非常近的语系也所知甚少。凭借相对较早时期的书写文献,古语言学家对印欧语言、汉语以及闪语有比较深刻的理解。其他诸如南岛语系和所谓"尼日尔-刚果语系"的语言历史必须通过"语言构拟"这种欠精确和人为的媒介来重新寻觅,因为语言构拟"再造"了可能事实上并不存在的语言。遗憾的是,大部分的原始语系或大语系研究不管语系情况如何,只简单地将"谱系树"中关于语言历史的理论模型套用在更高层次的"谱系树"上,从而创造出可能从未有过的语言关系。

末期冰期结束时,随着气候不断变暖,海平面不断上升,当时约有 1 000 万人口再次迁徙,开启了漫长的社会和语言变化过程(如图 2 所示)。人们在原始农业领域所做的独立尝试很快使人口数量呈指数增长。这是人们可以推测语言关联的最早时期，是"最早的语系"的时代。

撒哈拉以南非洲的语言

　　直到第二次世界大战后，语言学家才有机会尝试对非洲本土语言进行彻底的分类。[6] 从那时起，出现了一系列实质性的进展。[7] 语系就是对拥有共同特征的语言在统计学上所做的一种分类，而所谓的"尼日尔-刚果"语系，作为世界"超级语系"之一，据称包括上千种自主语言，这些语言被相当平均地分成了两大子语系，如果存在，那么这两大子语系可能更值得被称作"超级语系"。它们分别是"大西洋-刚果语系"和"沃尔特-刚果语系"。就目前而言，"尼日尔-刚果语系"的年代实在太过遥远模糊，无法被认定为一种已经证实的语系。

　　与空有其名的"尼日尔-刚果语系"截然不同的是非洲的尼罗河-撒哈拉语系，该语系有 11 个语族，其中每一个语族都包含 2~96 种独特语言。另一不同于"尼日尔-刚果语系"的科伊桑语系包含 35 种语言，除两种特殊语言外，其余语言都在南非使用。纵观大型的语言分组，比如"尼日尔-刚果语系"，尼罗河-撒哈拉语系以及科伊桑语系等，如果其中某个语系确实从始至终真实存在，或是反映了融合、聚集在一起的分散的语言特

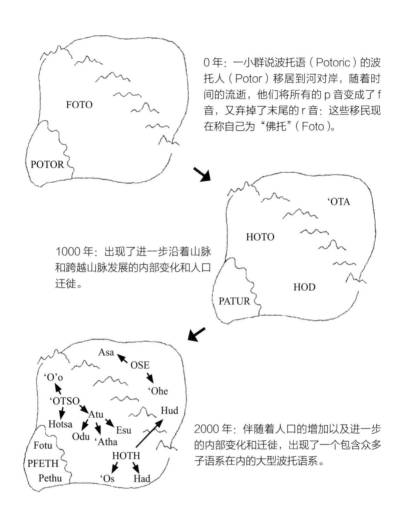

0 年：一小群说波托语（Potoric）的波托人（Potor）移居到河对岸，随着时间的流逝，他们将所有的 p 音变成了 f 音，又弃掉了末尾的 r 音：这些移民现在称自己为"佛托"（Foto）。

1000 年：出现了进一步沿着山脉和跨越山脉发展的内部变化和人口迁徙。

2000 年：伴随着人口的增加以及进一步的内部变化和迁徙，出现了一个包含众多子语系在内的大型波托语系。

图 2　语系是如何出现的（以虚构的"波托人"为例）

征，那么这个语系就很可能代表了 1 万年前自主的原始语言。

　　非洲的人类历史是如此久远，展示了近 50 万年来智人物种的演化过程，可以预料，几乎所有非洲古老语系的出现和消亡没有留下一点痕迹。历史上所有出现过的非洲语言中仅有极少数仍然存在，它们只是晚近出现的语言的衍生之物。现存的许多未被归类的非洲语言，例如多哥的安鲁语（Anlo）、尼日利亚的贝特语（Bete）、毛里塔尼亚的艾梅拉根语（Imeraguen）以及其他大约 16 种语言，每一种都可能是几千年前一个更大的语系残留下来的语言。

亚非语系

　　1 万年前，非洲北部地区植被繁茂，土地肥沃，荒漠化现象是相对晚近的时候才出现的。当时，这个地区曾经有过人口过剩的迹象，很多古老的语言都来源于此。迄今为止，人们已经在 6 个不同的语族中发现了 370 种不同的亚非语言，这 6 个语族分别是柏柏尔语族（29 种语言）、乍得语族（192 种语言）、库西特语族（47 种语言）、埃及语族（1 种语言）、埃塞俄比亚的奥摩语族（28 种语言）以及闪米特语族（73 种语言）。和其他非常小的语族比较起来，乍得语族的语言数量令人吃惊，这可能表明，这一重要且较早的超级语族发源于末次冰期结束时的大移民之前，当时这一语族的使用者占据了北非中部地区，而现在这一地区大部分早已变成了沙漠。

埃及语族是著名的亚非语系成员之一，它是一个书面记载可追溯至 5 400 年前左右的"语族"，因其发端于独特的地理环境，埃及语没有派生出多个共时（与其同时期）的语言，而是只派生出单一的历时性语言。同埃及语族一样，闪米特语族可能在很早，也许是 8 000 年前从原始亚非语系中分化而来。闪米特语族是历史上许多极为重要的文化语言的根源，早期分化为东闪米特语支（仅由巴比伦人所说的阿卡德语作为代表，被保存在近 4 500 年前的楔形碑文中）与最终发展成包含阿拉姆-迦南语（如腓尼基语、希伯来语）和阿拉伯-埃塞俄比亚语的西闪米特语支。最近，将闪米特语族和早期印欧语系联系起来的理论并没有被语言学家们普遍接受。[8] 数千年来，柏柏尔语族在地中海南部海岸线的大部分地区占据主导地位，影响着那些与古埃及、黎凡特以及爱琴海保有联系的势力强大的群体，如居住在利比亚高原的人和那些最靠近古克里特岛的普塔亚人。

亚非语系中的东闪米特语支在其近 5 000 年前的动态东扩进程中，取代了古代中东地区一种更古老的语言——苏美尔语。6 000 多年前生活在美索不达米亚低地（今天的伊拉克东南部）的人会说苏美尔语，早在 5 100 年前人们就能使用这种语言进行书写，而它似乎与其他任何语言都没有关联。苏美尔人似乎还入侵了一个更文明的民族的领土，借用了那个民族对城市和职业的命名。然而最近关于"苏美尔、阿尔泰以及马札尔超级语系"假说的争论并没有说服大多数语言学家。

亚洲语言

早在 200 万年前，亚洲早期的人属物种可能就开始了演化，后来被直立人，接着是被智人取代或吸纳。今天的亚洲跟非洲一样，是地球上语言景观最为复杂的区域之一。多种主要的语系都声称亚洲是它们的直接或最终来源，故有人可能会设想，几种亚洲语系早在末次冰期就已经在施加影响了。少数亚洲语系可能早在 3 万年前（一说 6 万年前）就跨过了白令陆桥，成了美洲最早的语言。几千年后，随着地球气候变暖，这些语言的衍生语言接着传播到了亚洲以及亚洲之外的各个角落。这些语言正是如今人们所说的汉藏语系、阿尔泰语系、乌拉尔语系、高加索语系以及古亚细亚语系（今称"楚克奇-堪察加语系"）。

原始汉藏语系形成了人类历史上最重要的语系之一。从极早时期开始，或许仅在末次冰期结束的两三千年后，原始汉藏语系分化成了 3 种主要的语族：汉语族、叶尼塞-奥斯加克语族和藏缅语族。汉语族现在由 9 种语言组成，它们彼此之间很难相互理解，此外也包含许多主要的方言。汉语族最主要的语言，即汉语普通话（有 4 种主要的方言）以北京语音为基础。今天，相比地球上的任何其他语言，汉语普通话被更多的人作为第一语言使用。[9] 不过，当前普通话的卓越性不能反映古代的情形，那是汉语使用者在不到 5 000 年前迁徙到长江三角洲的结果，水稻丰产引起了史无前例的人口大爆炸。早在 3 000 多年前，古代汉语就成了书写媒介。叶尼塞-奥斯加克语族包括了今天在西伯利亚北部使用的语言，该区域显然是整个汉藏语系的古老家园。古老的藏缅语族最终分化成藏语和缅甸语这两种子语族。

　　大约在 8 500 年前，生活在长江三角洲的古汉语使用者改良了水稻，那里的文化得以深入发展，最终产生了 4 种主要的语系，或许在过去它们也曾相互关联。它们分别是壮侗语系、苗瑶语系、南亚语系（主要是孟-高棉语族）以及南岛语系（见下文）。大约在 5 000 年前（这一时间并不确定），这些语言已经遍布整个东南亚，并为许多从泰国北部到海南岛和台湾岛的不同民族群体使用。[10]

　　阿尔泰语系包括蒙古语族、满-通古斯语族、突厥语族，这是一种较新的分类，其依据的是语言类型而不是遗传标准。该分类仍具有一定的推测成分，毕竟突厥语族、蒙古语族以及通古斯语族等语言的所有相似性如今普遍被认为是区域扩散，而不是共同继承的结果。突厥语在大约 4 000 年前（一说稍早）出现于中亚，或许直接来源于西伯利亚的一种古亚细亚语，或是和古亚细亚语系拥有共同祖语。今天仍有好几种突厥语在西伯利亚南部被使用。相比阿尔泰语系分类法，推测色彩更浓厚的说法是，芬兰-乌戈尔语系与阿尔泰语系在起源上有某种关系，这类语系的原始语系有时会被称为"乌拉尔-阿尔泰语系"。

　　原始乌拉尔语系使用者的证据要多一些，大约在 6 000 年前，那些原始乌拉尔语系使用者显然占据了欧洲东北部的一片区域。[11] 很早以前，原始乌拉尔语就分化成了两种主要的语系，即萨莫耶德语系和芬兰-乌戈尔语系。西伯利亚远东的萨莫耶德语系可能属于拉普语系，它也是最早从乌拉尔语系中分离出来的一种语系，或许早在 5 000 年前就已诞生。大约 4 000 年前，芬兰-乌戈尔语系还是一种通用的共享语系，随后分化成了两种独立的语系：芬兰语系（包括巴尔托-芬兰语、拉普语、伏尔加-芬兰语、帕米亚语以及乌戈尔语的起源语系）和乌戈尔语系（包括马札尔语、沃古尔语和奥斯加克语系的起源语系）。[12] 今天，除去芬兰语仍有 400 万使用者，马札尔语仍有 1 300 万使用者外，乌拉尔语系的许多衍生语言通常很少为人所使用。

　　西亚高加索山脉及其毗邻的辽阔平原上分布着大约 40 种高加索语言，这些语言显然有着共同的悠久历史，即并没有被其他语言代替。在极早时期，或许在 1 万年前，可能是由于冰后期的第一次人口迁徙，高加索语系分化成了 3 种主要的语族：南高加索语族（其中的格鲁吉亚语是所有高加索语言中使用最广泛的语言，拥有 500 万使用者）、西高加索语族，以及非常庞大的东高加索语族。除此之外，目前另有 8 种子语族或许还占据着原始高加索语使用者最早的家园。

人们对东西伯利亚的古亚细亚语系缺乏了解，但毋庸置疑的是，这些语言作为一组自主语言已经存在了至少 6 000 年。如今，只有相对较少的人口还在使用这些语言，尽管一些语言学家已经试图将古亚细亚语与新大陆的语言联系起来，但他们的说法缺乏令人信服的证据。

日本的原住民语言被称作阿伊努语，这是一种孤立语言，其起源年代久远，无法将其与任何已知的语言或构拟的语系联系起来。作为一种完全不同的语言，日语在过去几千年里蚕食了阿伊努语，将其边缘化，仅在日本北部的北海道被使用。日语和朝鲜语一样，有时会被划分到具有高度推测色彩的乌拉尔-阿尔泰语系中，但是这种从属关系可信度不高。显然，这两种语言都在很早的时期发端于亚洲大陆，日语和琉球群岛上的琉球语（冲绳语）有着共同的起源。

美洲语言

直到最近 10 年，科学界才谨慎地接受了智人可能在 3 万年前就存在于美洲的观点。承认智人进入新大陆的时间如此之早，或许可以解释为何美洲的语言景观的复杂性甚至可以与亚非欧三洲媲美。关于"新大陆"语言和世界其他地方语言之间的关系，人们提出了许多假说。但是，只有一个关于这种紧密联系的假说被认为是有据可循的，即只有关于美洲爱斯基摩-阿留申语系和西伯利亚东端的楚科奇语系之间存在联系的说法似乎值得考虑，这也许反映了后来的人群迁徙情况。[13] 在寻找语言的外部联系之前，人们应该认识到大约存在 150 种彼此之间无法联系起来的美洲语系。[14]

　　这样错综复杂的语言意味着即使对美洲语言进行规范分类，也很难解释清楚该地区最早的定居情况。因此，人们必须转向其他学科。事实上，现在人们认为可能有许多移民通过西北陆桥（白令陆桥）进入了美洲。如果的确如此，人们可能会倾向于接受存在许多语言分层，它们在数万年的时间里相互影响和演化，创造了具有复杂历时性和共时性的相关及非相关性语言。由于缺乏早期的书面文献，历史语言学家掌握的地区信息只能来自对现存美洲语言的构拟。这就不得不导出一个令人遗憾、流于表面的语言分类，最多只能将语言的历史追溯至不早于 1 万年前。

　　关于北美语言，人们在 1964 年达成了一种"共识分类"，承认有七大语系可能来自末次冰期结束时在当地自给自足的群体使用的共同语言［包括美洲北极-古西伯利亚语系（2 种语族）、纳-德内语系（1种语族，2种孤立语言）、大-阿尔冈昆语系（2种语族，7种孤立语言）、大苏语语系（3种语族，2种孤立语言）、霍卡语系（10种语族，7种孤立语言）、佩纽带语系（9种语族，6种孤立语言）以及阿兹特克-塔努安语系（2种语族，无孤立语言）]。同样还存在数量惊人的语系（例如萨利希语族）和孤立语言（例如凯瑞斯语），它们与上述任何一个大语系之间都没有明显的从属关系。迄今为止，人们在通过对比衍生语言来构拟一种原始语言的过程中，并没有找到任何证据证明这些北美语系有共同祖语。[15]事实上，所有区分出来的较大语系似乎都与其他语系毫不相关，或是因为经历了漫长的时间流逝，以至于目前的语言技巧无法洞察过去语言的特点，又或是经历了多次的迁徙，之前不相关的语系接连来到新大陆。

相似的情况也发生在中美洲，那里存在着许多自主语系和孤立语言。其中颇为重要的语系有欧托曼格语系和玛雅语系。欧托曼格语系是中美洲最大的语系之一，拥有8个语族。玛雅语系在4 000多年前应作为一种自主语系存在，其中包括较小的瓦斯泰克语族和较大的尤卡坦半岛-科尔语族，后者拥有许多子语族和附属子语族。在中美洲还存在超过100种灭绝和未被归类的语言或方言，它们仅在历史文献中被提及，其他方面则不为人所知。

近年来，一些人考证后认为，人类在南美洲定居的时间并

没有那么长。目前有观点认为，位于智利南部的蒙特韦德遗址
具有 12 500 年的历史。考古学家也将沿南美洲太平洋海岸的村
落的历史追溯到至少 2 万年前，巴西中部的一处遗址表明人类
占领此地的历史已有 5 万年，但是这两个时间点仍然具有争议。
现今，线粒体 DNA 分析结果表明，美洲印第安语系的历史可
追溯到 3 万年前，比较而言，北美洲西北部的纳-德内语系似乎
仅可追溯到 9 500 年前。当然，这些时间点远比运用任何现代
语言技巧能构拟语系的时间要早。[16]

　　现在，整个南美洲都呈现出一种非常古老和复杂的语言景
观，其形成时间或许可以追溯至数万年前。在海平面上升之前，
可能有许多来自西北（巴拿马）和东北方向（加勒比海）的人
进入此地。有人提出南美洲拥有 75 种独立的语言分组或超级语
系，其中一些语系同样存在于中美洲的部分地区和加勒比海区
域。这些语系中有奇布查语系（联结中美洲和南美洲的"语言
桥"）、阿拉瓦克语系（"新大陆"中最大的语系，大约有 65 种
自主语言）、图卡诺安语系、盖互亚语系、帕诺亚语系、达卡
南语系、瓜伊库鲁语系、吉恩语系、图皮语系以及加勒比语系。
南美洲目前是世界上语言最复杂的地区之一。

萨胡尔语系（塔斯马尼亚语、澳大利亚语和巴布亚语）

在末次冰期结束、海平面上升之前，塔斯马尼亚、澳大利亚和新几内亚还属于古老的萨胡尔大陆。尽管近期有证据显示在 6 万到 5 万年前，萨胡尔大陆可能就有人类存在，但大多数专家仍然认为有确凿证据表明，人类在这片大陆上出现的时间不会早于 4 万年到 3.5 万年前。近期的一项语言分析证明，整个萨胡尔大陆包含了一个早期社会阶层，随后的殖民活动建立起第二个社会阶层，该阶层的残留特征可在西北地区的语言中找到，那里似乎是殖民者的进入点。[17] 然而，人类在萨胡尔地区活动的时间极其漫长，最初定居时期的特征几乎不可能留存。此地公认的语言特征必须追溯到智人入侵很久之后，而其语言历史必须用现存的现代语言进行归纳整理。此外，历史重构将语言的发端时间限定在现今时代之前的几千年。

在欧洲人于 18 世纪末期来到澳大利亚大陆之际，大约有 5 000 到 8 000 名塔斯马尼亚人占领着澳大利亚东部海岸线以南的塔斯马尼亚岛，他们自认与澳大利亚原住民不属同一种族。[18] 此区域显然曾经存在过两种自主的塔斯马尼亚语，即北塔斯马尼亚语和南塔斯马尼亚语。这两种语言似乎与任何澳大利亚内陆的语言或构拟过的语系完全不相关。或许，说塔斯马尼亚语的人是早期的萨胡尔人后裔，他们在 1.2 万年前被驱赶到这片大陆的边缘，而当巴斯海峡被海水灌满，塔斯马尼亚与澳大利亚分隔之际，他们就被困在了那里。然而，语言学家掌握的塔斯马尼亚语言材料质量很差，而且这些材料都是在最后一位塔斯马尼亚语使用者去世之前编写的，这使严谨的语言构拟工作难以进行。[19]

1788 年英国人入侵澳大利亚，当时澳大利亚普罗波和北部托雷斯海峡中的岛屿上大约还存在 260 种截然不同的语言。自那时起，超过 100 种语言消亡了，另外 100 种语言正面临消亡，只有大约 20 种语言仍留在澳大利亚原住民儿童的学校里。不同于美洲、亚洲和非洲的本土语言状况，澳大利亚语言表现出一种不同寻常的一致性，特别是在音素及重音方面。但因为缺少必要的区别特征，这事实上大大妨碍了人们使用比较方法来对语言进行归类。澳大利亚语言那种缺乏特色的同质性或是因为这片大陆自末次冰期以来一直处于孤立状态。那些语言也可能经历了不同寻常的漫长的语言平衡期，只是周期性受到外部（迁徙、入侵、社会变化等）或内部（社会体系压力、自我组织的临界性）因素的影响，平衡不时被打断。事实上，正是这种不同寻常的澳大利亚（语言）状况，首先引出了语言历史的"间断平衡"模型。[20]

"间断平衡"是从生物演化论中借用的术语。这个最新的模型提出，在过去长期的社会平衡中，语言特征在特定区域内扩散，使得该区域的不同语言汇聚成一种共同的原始语言（如图3所示）。然而，这种长期的平衡状态偶尔会被一种或多种内外因素引起的突然变化打断、干扰。这会让族群的数量变多，将不同的族群和语言分隔开来，从而创造语言的"谱系树"。

尽管许多语言学家都假定存在一种早期的原始澳大利亚语，但这种原始语言从来没能通过规范应用比较法确立，这或许是因为比较法本身具有弱点，它片面依赖"谱系树"以及间断变化。有些人认为，原始澳大利亚语从未作为一种真正的语言存在过，而是代表着一种通过现代语言技巧人为巩固特征的表面巧合。此外，某种近似于假定的原始澳大利亚语的语言可能逐渐从智人所使用的语言集合中显现出来，这些智人在大约3.5万年前以某种未知的方式在巽他和萨胡尔大陆西北部互相影响。这片地区最早的智人语言随后传播至整个萨胡尔大陆，或许被使用了数万年，还伴随着偶尔的区域扩散和内部调整带来的改变和融合。

目前的澳大利亚语言并不像其他语言那样可以轻松划分成"谱系树"。[21] 例如，从研究语言及其体系的科学，即音系学的角度来说，一个澳大利亚大语系的 29 个语族在音系学上的差异小于一个更大的美洲语系中的两个语族的差异。基于此，有人认为存在一种年代久远的原始澳大利亚语。任何一种澳大利亚语言的众多使用者都可以理解他们近邻的方言，但考虑到该语

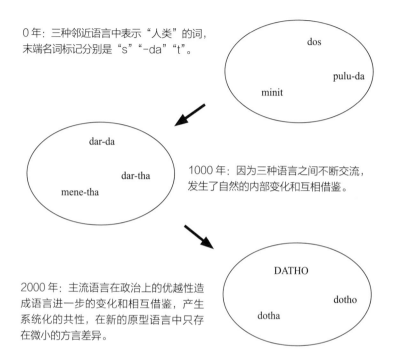

0 年: 三种邻近语言中表示"人类"的词, 末端名词标记分别是"s""-da""t"。

dos

pulu-da

minit

dar-da

dar-tha

mene-tha

1000 年: 因为三种语言之间不断交流, 发生了自然的内部变化和互相借鉴。

2000 年: 主流语言在政治上的优越性造成语言进一步的变化和相互借鉴, 产生系统化的共性, 在新的原型语言中只存在微小的方言差异。

DATHO

dotho

dotha

图 3 在语言平衡期, 不同语言可以通过扩散融合成一种原始语言。

言的所有方言中同源词(在起源上相关的单词)的密度与完全不相同的语言之间应该拥有的同源词的密度一样低,[22] 语言学家提出了"相似语系语言"这一术语。

澳大利亚诸语言在其所有方言中展现出非常相似,甚至往往近乎相同的结构,在两种最为不同的方言中仍然有 45% 的词汇是相同的。这样的方言链长度惊人,可达 1 500 千米,可是实际上,我们仍然不能证明这种特征起源于一种共同的澳大利亚原始语言，或原始澳大利亚语。如果后者确实是真实存在过的语言，那么它可能是一种迁移而来的语言，它完全盖过了一种或多种更早的语言，以至于早期的语言在今天已经无法辨认。又或者，这种语言可能曾经是澳大利亚唯一的语言，只在澳大利亚的区域词汇中遗留早期语言的痕迹。[23] 还有一种可能，它是集自澳大利亚原始语言衍生的新生语言之大成，在 1788 年之前没有重大外来入侵的情况下，经历了长达 3.5 万年的循环演化。

自从大约 8 000 年前托雷斯海峡被海水填满之后，新几内亚就与萨胡尔大陆隔绝开来，作为世界上第二大岛屿，新几内亚具有这个世界上最丰富的语言宝库，在这片狭窄的区域内，有超过 700 种语言，另有大约 200 种南岛方言。[24] 尽管人们认为新几内亚的语言和澳大利亚语言之间会存在起源上的联系，但目前并没有发现它们的音系和形态具有确定的一致性。与早先的观念相反，许多新几内亚的"巴布亚语"（"非南岛语"）的使用群体人数似乎相当多，有的语言使用者数量超过 10 万。[25]

在太平洋和东南亚，巴布亚语是仅次于南岛语言的语言分支。这种语言的使用地区包括除去部分沿海地区的几乎整个新几内亚岛，摩鹿加群岛（马鲁古群岛的旧称）中的哈马黑拉岛的北部地区，印度尼西亚东部阿洛岛、潘塔尔岛、帝汶岛的部分地区，新不列颠和新爱尔兰的部分地区，以及布干维尔岛的部分地区和所罗门群岛的其他地区，一直到圣克鲁兹群岛。在20 世纪 80 年代，得到识别的所谓 741 种巴布亚语中，有 507 种被认为属于一个"超级语系"，即所谓的跨新几内亚语系。[26] 现存一种层次更高，也更为古老的分类，据称可覆盖 80% 左右的巴布亚语使用者。但是，其他专家只甄别出了大约 60 种小型语系。关于巴布亚语的大部分比较工作都建立在单词统计分析的基础上，人们很少做比较历史语言学研究，因此整体而言是不可靠的。事实上，"巴布亚语"常常只是用来指代该地区所有的非南岛语，这些语言的确切起源归属尚不清楚。

南岛语系

末次冰期结束时的海平面上升，也间接催生了时间相对较近的南岛超级语系，其范围从印度洋的马达加斯加一直延伸到南太平洋的复活节岛。南岛语系拥有的语言数量最多，大约有 1 200 种，占世界上所有语言的 30% 左右。[27] 今天拥有大约 2.7 亿使用者的南岛语系还包括东印度群岛、密克罗尼西亚以及波利尼西亚的近乎所有语言。令人惊奇的是，马来西亚、印度尼西亚和文莱的 25 种语言在南岛语言总数中仅占 2%，其使用者却占南岛语言使用者的 87%。

前原始南岛语的使用者，很可能是来自长江三角洲的水稻耕种者，其使用的语言属于大约 8 000 年前就不断拓展的汉藏语系中的某个语族。证据在于原始南岛语的单音节和音调构拟似乎与中国和东南亚的许多语言和语系相似。[28] 为躲避来自北方的汉藏语系使用者，原始南岛语的使用者可能在 6 000 年到 5 000 年前从中国东南大陆地区来到了台湾岛。[29]17 世纪以前，台湾岛上以南岛语使用者为主，在那之后，他们遁入山区。现今台湾岛上仍有 20 万南岛语使用者，总数仅占岛内总人口的 1%。

印度语系

南亚次大陆上的原始语言错综复杂，与非洲、亚洲其他地区和南美洲相似。在极早时期，许多主要的语系就已经在争夺支配地位，随着时间流逝，这些主要语系的起源已经变得模糊不清。另一方面，考古学家已经证明，从公元前 8 000 年延伸到公元前 1 000 年的古老的印度文化具有非同寻常的连续性。人们通常认为，在 3 000 多年前印欧语系的使用者首次从西北方向进入印度前，如今无已知同源语言的达罗毗荼语一直是印度分布最广泛的本土语系的代表，而当下印度使用人口最多的印度-伊朗语则属于印欧语系。这一观点有证据支撑，例如，4 000 年前高度发达的印度河流域文明很可能就是由说古达罗毗荼语的人开创的。今天拥有大约 1.75 亿使用者的达罗毗荼语系是世界第四大语系，包括了 24 种主要的语族。[30] 尽管如今在印度北部地区和巴基斯坦中部地区只有少数的达罗毗荼语言得以留存，属达罗毗荼语系的布拉休伊语仍然有人在使用，语系中其余主要语言，如泰卢因语、泰米尔语、卡纳雷语和马拉雅拉姆语目前仍然存在于印度南部区域。

对印度的其他本土语言进行分类十分困难，这些语言可能是数千年来接连被达罗毗荼语系和印欧语系边缘化的过往大语系的残留语言。跟欧洲的巴斯克语一样，印度西北部的布鲁夏斯基语也没有已知的同源语言。印度东部使用人数较多的蒙达语族、孟-高棉语族和安南-芒语族都属于南亚语系，这一语系很早之前就从东南亚入侵到了印度地区。

欧洲语系

很显然，欧洲也曾经存在过许多的语系。数万年来，各种各样的人类物种在欧洲繁衍生息。但是，几乎所有这些欧洲语系都消失了，没有留下丝毫痕迹。只有少许时间较近的"前印欧语系"还留存在早期的文献中，然而存在与否尚有疑问。这种"前印欧语系"包括皮克特语、苏格兰的克鲁坦语（这种语言可能是早期的凯尔特语）、法国南部和阿尔卑斯山西部的利古里亚语、意大利的伊特鲁里亚语，以及西班牙北部和法国西南部的巴斯克语，而巴斯克语在欧洲史前时代占据了特殊的地位。

从遗传学角度而言，2 000 年前的罗马文献中提及的巴斯克人代表了旧石器时代的人种，这一人种曾经在欧洲西部广泛分布，并且似乎与罗马时代居于高卢西南部的阿奎坦尼亚人有交集。很明显，随着说高卢语的凯尔特人入侵，这类人群被排挤到了比利牛斯山的外围地区。巴斯克人所说的巴斯克语与任何已知现存的语言都无关联，尽管这一语言从凯尔特语、哥特语和意大利语中借用了许多的词汇。早期语言学家认为它通过古利古里亚语而与西亚的高加索语言有联系。

现如今，大多数专家都认为巴斯克语使用者在接触到不相关的印欧语系语言（凯尔特语）之前，占据着巴斯克区域，或者在这一区域内部发生了语言演化。尽管一些学者提出巴斯克人可能是 5 万年前定居在欧洲的智人的直接后裔，巴斯克语亦是他们的产物，但这一说法似乎有点牵强，至少在语言方面是如此（遗传问题仍然有待探讨，参见下文）。巴斯克人或他们所说的语言很可能比最早的凯尔特入侵者还要早出现好几千年。从遗传角度看来，由于巴斯克人的基因逐渐扩散到加伦河区域（古阿奎坦尼亚），与高卢邻居比起来，他们与西班牙邻居之间的基因差别要更为明显。目前仍有大约 70 万人使用巴斯克语中的 10 种主要方言，其中大部分都居住在西班牙北部地区。

近 3 000 年前，巴斯克语使用者的领地遭到说高卢语的凯尔特人入侵，高卢语属印欧语系，现今已灭绝。印欧语系是世界超级语系，也是史上最为成功的语系，包括了今天欧洲及其遥远的前殖民地，即从美洲到新西兰使用的几乎全部语言。（例如，英语就是印欧语系下的日耳曼语族和西日耳曼语支语言。）人们通常认为来自东欧的骑士征服了整个欧洲地区，用他们自身使用的原始印欧语言取代了当地的语言。但这种解释在 20 世纪 80 年代遭到怀疑，有理论认为印欧语系是在 1 万年前末次冰期结束时从中东传播到欧洲的，但并不是由战士，而是由负责耕作、播种和收割的农民传播开来。[31] 根据这个最新的理论，这些新晋移民循序渐进，大约以 1 千米／年的速度进入欧洲，同化了当地的狩猎-采集者。随着农业逐渐取代了狩猎和采集业，他们那种"更高级"的语言先是占据了统治地位，接着取代了当地所有的语言。

但是，遗传学家和语言学家都曾先后质疑这个理论。遗传学家指出，欧洲的人类基因档案在 5 万年间并没有发生重大的改变，或许农耕技术，甚至是新的语言都是早在 1 万年前从中东引进的，但是欧洲本土的居民自身并没有被其他群体取代。语言学家并不认为曾出现过渐进的语言替代，此外，同样没有语言学证据证明是印欧语言的使用者在那么早的时期将农业引入欧洲。那可能是由"前"印欧语言的使用者完成的，因为具有绳纹陶器文化的印欧人是在几千年之后，即大约于公元前3500年左右才从东欧，而不是中东来到这片区域。[32]

历史语言学认为，印欧人最早的家园是他们的语言向东欧传播的地理中心。这同样可以解释乌拉尔语系中的乌戈尔语族和萨莫耶德语族之间明显且极早出现的相似性。[33] 虽然尚未有正式的比较，但如果这些相似性货真价实，那么印欧语系和乌拉尔语系就有可能拥有共同祖语，这种祖语或许是两种及两种以上不同但相邻的语言的融合，大约在7 000年前的欧洲东端地区得到使用。

大约在5 500年前，绳纹陶器文化时期的人们或许是最早进入中欧地区的印欧语言使用者，他们代表了在随后几千年里由凯尔特-意大利人、日耳曼人，可能还有波罗的-斯拉夫人组成的早期松散群体。每一种印欧语言都继而在它们各自的土地上发展演化：它们并不是"入侵者"带来的语言，而是土生土长的。

历史导致的结果有时让人难以理解。今天人们已知的欧洲本土语言仅仅是诸多因素相互作用的结果。从语言学角度而言，现代希腊语、法语和英语的出现方式与早期原始希腊语、意大利语和日耳曼语出现的方式如出一辙，即通过无数种特定的语言演变过程，从更古老的种族群体中演化而来。现代欧洲人的基因档案揭示出，除巴斯克地区、斯堪的纳维亚北部以及波罗的海区域之外，少数印欧入侵者的语言几乎在所有地方都成功地取代了当地大多数居民的本土语言。印欧语言随后发生了分化，在多种动态基础或是语言基础上产生了衍生语言。这一过程赋予了印欧语系丰富的语言数量和重大的文化意义，令其在过去的 5 500 年里成为超级语系。

近 4 000 年来的文字记载证明，现今的印欧语系是世界上最为兴旺的语系之一（如图 4 所示）。[34] 单就英语而言，仅作为印欧语系八个代表性语族（凯尔特语族、日耳曼语族、罗曼语族、阿尔巴尼亚语族、希腊语族、波罗的-斯拉夫语族、亚美尼亚语族以及印度-伊朗语族）中的 100 多种衍生语言之一，目前将其作为第一和第二语言的使用者数量超过了汉语普通话的使用者，是迄今为止语言使用人数纪录的保持者。在 20 世纪后半叶，英语成了世界性交流的主导语言，也是人类目前为止最接近世界性语言的一门语言。印欧语系同样也是世界上被研究最多的语系，在 18 世纪和 19 世纪，梵语的研究令印欧语系被视为现代语言科学的起源。[35]

从语言学角度来看，越进一步探究语言的过去，就越无法构拟真正的语言。因为语言构拟的比较方法并不允许进行其他科学中的那种"时间旅行"。古语言学受限于共享条目的大型语料库的内容数量，通过这个语料库可以对不同语言之间的词汇和音系进行比较。然而正如部落久而久之会分崩离析，这种共享条目也会日渐变少，语言之间系统化的声音一致性也会消退。[36] 由于缺乏可靠的比较数据，在某一时间点上进行的构拟工作最后会演变成无用的想象："在众多谱系树中寻找某个特定的谱系树的做法，既不明智也不谨慎。"[37] 就宏观的原始语系联系而言，这个时间点大约是 1 万年前；但对于某些特定的原始语言，如原始印欧语系来说，这个时间点仅在大约 6 000 年前或更晚的时候。同人类悠久的历史相比，这一时间点还是非常靠后的。

然而，1 万年前末次冰期的末期是人类历史上的一个主要转折点。对人类而言，这是一个语言多样性最为显著的时代。在那之前，原始社会中孤立存在的部落仅偶尔相互接触。这种天然的孤立性产生了众多小型而自主的语族，它们通常通过区域扩散，形成一种平稳、适度以及渐进的变化。在末次冰期结束之后，人口数量急剧增加，反而对语言的发展产生了负面作用，削减了人类语言的多样性，因为人口的增加不仅建立起了更大的语系，还使单一语言（如汉语普通话）拥有了空前数量的使用者。

人类社会日益增加的经济和政治力量通常会催生规模更大的同质语言单位，抑制较小的语言单位。这种协同体系成倍增长，到最后仅有数量非常少的语言和语系得以留存，这就是现今世界的语言状况，尽管人口过剩，但语言数量还是在急速减少。或许也是出于这个原因，了解 1 万年前丰富的语言景观对我们而言就变得十分重要，语言构拟的绝对边界也许就在于：所有留存下来的语言的祖语都曾经历过一个巨大漏斗的筛选。

近期的基因分析揭示，成百上千年以来，遭到取代的通常是语言而不是人群。也就是说，新语言很容易被相对稳定的人群吸纳。例如，面对印欧语言使用者入侵时，不列颠群岛和爱尔兰领土上的前凯尔特人就采用了凯尔特少数民族的语言。几百年后，尽管不列颠群岛和爱尔兰岛民的基因档案相对稳定，但他们的子孙同样采用了入侵而来的西德意志人，即"盎格鲁-撒克逊人"的少数民族语言。这一现象在世界各地无数次地上演，纵观整个历史长河，人类社会对待新语言就如同换新衣一般。在文字出现之前，语言变化通常都不被人们注意。

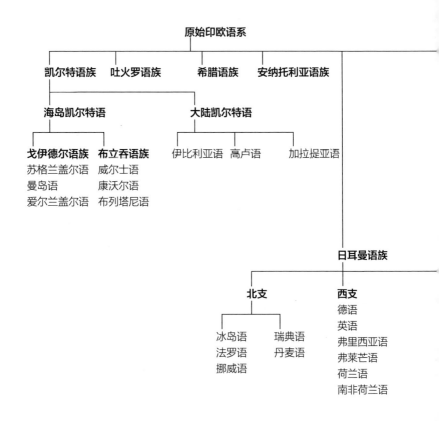

图 4 印欧"谱系树"（简略版）

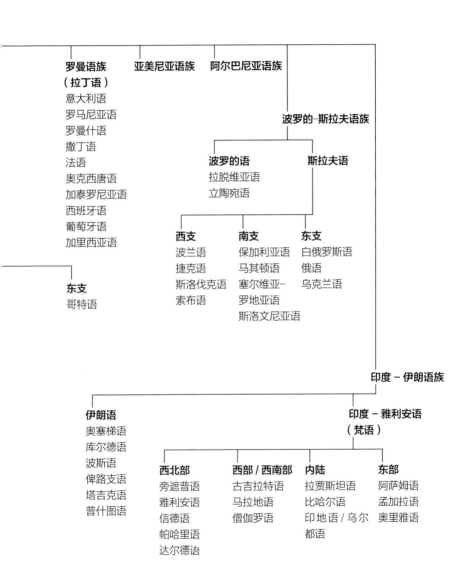

罗曼语族
（拉丁语）
意大利语
罗马尼亚语
罗曼什语
撒丁语
法语
奥克西唐语
加泰罗尼亚语
西班牙语
葡萄牙语
加里西亚语

亚美尼亚语族 **阿尔巴尼亚语族**

波罗的–斯拉夫语族

波罗的语 **斯拉夫语**
拉脱维亚语
立陶宛语

西支 **南支** **东支**
波兰语 保加利亚语 白俄罗斯语
捷克语 马其顿语 俄语
斯洛伐克语 塞尔维亚– 乌克兰语
索布语 罗地亚语
斯洛文尼亚语

东支
哥特语

印度–伊朗语族

伊朗语
奥塞梯语
库尔德语
波斯语
俾路支语
塔吉克语
普什图语

印度–雅利安语
（梵语）

西北部 **西部/西南部** **内陆** **东部**
旁遮普语 古吉拉特语 拉贾斯坦语 阿萨姆语
雅利安语 马拉地语 比哈尔语 孟加拉语
信德语 僧伽罗语 印地语/乌尔 奥里雅语
帕哈里语 都语
达尔德语

第四章

书面语

大约 4 000 年前，一个不知名的苏美尔人在一块泥版上写道："一个手能跟得上口的抄写员才是一名真正的抄写员。"这句话捕捉到了文字的精髓。[1] 文字确实不是逐渐地从无声的图画演化而来的，它是在真正的人类言语产生时就形成的图像表达方式，并一直如此。即使是最早出现在大约公元前 3 400 年的关于豺狼的古埃及象形文字，也能立即在读者的脑海中唤起埃及语中的"豺狼"一词。

文字最早出现在从埃及到印度河流域的广阔地带，并且显然是古老的记数和标记系统改进的结果，因而并不是某个人"发明"了文字。为了减少歧义，商人或是政府官员通过图画描绘那些已经测算了数量、尺寸和重量的商品，来改进记数和标记系统。尽管所有早期的象形文字都由简单的图画组成，但即使是最基本的象形文字也代表了直接取自语言的音值。

最基础的书面语模型包含三种一般文字系统类别，其中还包括许多过渡性变体字以及组合字（混合文字系统）[2]：

• 语标文字：使象形字可以代表一个单一的语素，即最小且具有意义的语言单位，例如英语中"meaningful"（有意义的）这个单词，就包含了 mean＋ing＋ful 三个语素在内；或可代表整个单词，例如早期埃及象形文字中的单词"豺狼"。

• 音节文字：由只具有音节和音值的象形字组成，例如"Knossos"（克诺索斯），这个青铜时代的爱琴海文字中的词由 ko-no-so 三个部分组成。

• 字母文字：用被称作"字母"的象形字来代表单个元音和辅音，如拉丁字母表中的 a、b、c。

随着时间的推移，大多数历史上存在过的文字系统都反映了一种类别侧重点的转变，导致早期的语义或意义内容逐渐被语音或是声音内容取代。这样一来，语标系统倾向于转变成音节系统。相比之下，字母系统仍然独具一格。始于黎凡特、完成于希腊的字母系统一经形成，便被数百种语言采用。今天，字母文字系统是唯一一种用来书写过往无文字语言的系统。

文字的概念很可能只在人类历史中出现过一次，却被此后诸多社会效仿。直到最近，大多数学者仍然认为文字概念仅仅在美索不达米亚南部（今天伊拉克共和国的东南部地区）出现过。[3]但是，新的考古学证据促使人们思考，原始文字是否可能通过"激发性传播"，即将一种观念或是习俗从一个民族传播给其他民族，从而使其在从埃及一直延伸到印度河谷的辽阔区域内都得到了发展。无论关于文字实用性和结构性的观念起源于何处，都启发了起源地周围的人去创造属于他们自己的相似文字系统，故而这些文字系统在图形或是语音上都具有独特性。[4]在某些文化中，书面语具有崇高性，迦南的希伯来人、古日耳曼人以及复活节岛人都秉持这一观念。在这种情况下，相较文字传递的信息，其本身的图形艺术被认为是一种脱离凡俗生活的东西，一种只有专业的抄写员或神职人员才能使用的超自然交流方式。纵览历史，文字书写常常被看成一种魔幻奇妙的过程。

一位现代人类学家兼演化论者认为社会从"野蛮"演化到"文明"首先是通过识字能力，也就是阅读书面语的能力实现的。[5]识字能力的用处可能远不止如此，如今人们将文字看成文明社会的主要润滑剂。文字并不是社会发展的先决条件，但确实极大地促进了社会变革。人们可以不必将文字的使用过程割裂开来，其三种类别，即语标、音节和字母（包括其过渡性和混合性的用法），每一种都通过一种特殊的语言、社会和时代而使其作用最大化。就如语言本身也会随着时间改变，又像是相邻语言的文字系统会通过借用和创新来适应一种完全不同的语言一样，文字系统也会经历细微调整。这三种类别并不对应质量等级，也不是文字模式演化中的不同阶段，它们仅仅是文字的不同种形式，有时会用来满足因文字出现而衍生的各种新需求。[6]

语言可能会"演化"，即以一种脱离人类有意干预的方式得到发展，但是文字系统却可以被人类有意地改变，以达到任意的特定目标，其中最为常见的目标就是对作者的口语进行最佳的图像再现。几个世纪甚至上千年来，文字系统不断发生的细微改变会令其书面和使用形式产生巨大不同。[7]尽管历经 2 000多年，最早起源于埃及象形文字的拉丁字母系统今天仍在接受系统外的符号；或者随着新技术的产生，旧符号获得了新的意义，这样的情况在多种使用拉丁字母的语言中同时发生，每一个受过教育的读者都能识别"%""¥""™""©"等符号，还要学习新的互联网常用符号，如"@"和"//"。

在那些只有少数人拥有识字能力的社会，文字对口语的影响似乎微乎其微，[8]但在识字能力得到广泛普及的社会，文字对口语产生的影响是深远的。文字能支撑口语，还能提升、规定、规范、丰富以及生成许多其他以语言为导向的过程，具有深远的社会意义。如我们今天所知，人类社会无法脱离文字而存在。在现代社会，拥有识字能力已变成仅次于拥有语言本身的要务。仅仅 5 000 多年的时间里，对文字进行的启发性阐述已经使文字本身对人类而言同其所传播的语言一样不可或缺。

　　许多文字系统在人类历史进程中不断出现和消亡，那些曾经存在的文字系统以及数十种今天仍在全世界被使用的文字系统并不能阻挡我们对语言历史的探究。感兴趣的读者可以去了解许多优秀的研究调查。[9]值得进一步研究的是那些表达了世界上最早文化的文字、那些产生了整个文字族系的文字以及今天仍然在使用的文字。令人意想不到的是，只有三种主要的文字有效地引领了书面语的发展进程，这三种文字分别是：埃及和苏美尔文字，这里称其为亚非文字；汉字，或称亚洲文字；中美洲文字。

亚非文字

　　亚非人民或许是历史上唯一一个在没有外部灵感启发的情况下就发明出文字的群体。在世界其他地方，文字都被当作宗教祭司和传道者的特权，带有让人获得威望和权力的文化意味。只有在从埃及到印度河流域的土地上，文字诞生于一种世俗且平凡的需要——记账。

　　美索不达米亚平原，这块底格里斯河和幼发拉底河之间的"河间土地"上出土的黏土代币可追溯至公元前 8000 年，可能是语音文字的雏形。[10]在这片区域内最早的农业定居点，人们会使用盘状和圆锥状的黏土代币来给众多的谷物和动物记数。

苏美尔人入侵这个区域后，沿用了当地人民对城市、职业的命名以及记账体系，还用芦苇尖绘制的新图形和新标记方式来记录更多的信息，如油罐、酒罐和土地的数量。他们曾设计出一种空心黏土球"信封"，用来承装各式各样的记数代币，还有一些标记代表信封内容物，会被印在信封表面作为标签。最后，苏美尔人装在信封内的记数代币变成了一种多余的存在，因为其外部标记早就交代清楚了商品的品种和数量。

埃及人以及印度河谷的哈拉巴人似乎都和苏美尔人有积极的贸易往来，他们在早期也沿用或模仿了苏美尔人的这种记数方法，用可识别的图形符号来代表语音，即当人们看到一个认识的物体时，会不假思索地说出这个物体的名字。这种符号被称作象形图，用象形图来表达的文字被称作象形文字。埃及人将图形简化成语素和纯粹的语音符号来完善这一过程，从而更好地再现埃及语言。最后，一个可供使用的语标文字系统就此产生，人们现在完全能够通过语标文字系统来记录口语中包含语法的句子，这就是我们所知的文字。

最近在上埃及地区最古老的"权力中心"阿拜多斯的发现表明，早在公元前 3400 年，当地的埃及人就使用了一种更精准的语标或象形文字。在格尔塞文化或涅伽达文化Ⅱ期早期，埃及本土省份尚未联合，上埃及地区的统治者逐渐巩固了他们的权力基础，创建了一种更加行之有效的中央行政机构，以实现

他们想要将上埃及和下埃及地区统一成一个王国的野心。任何
行政管理的核心都是信息控制。借助新的语标文字来充分体现
和秉承圣令，用其明显的经济优势来控制记账，上埃及地区的
政治掮客们自有他们的手段来推动集权过程。埃及象形文字很
有可能是统一上下埃及地区的社会动力的直接产物。新的文字
也非常适合埃及特有的亚非语言结构，远优于任何现代字母。
这或许同样可以解释为什么埃及语标文字系统的基本特征在
3 600 多年的时间里几乎没有发生改变，延续时间比人类历史上
任何文字系统都要长。[11]

　　古埃及文字有三种形式，其中最重要的是用于纪念或仪
式的象形文字"圣书体"（hieroglyph，名称源自后来希腊人的
误称"神圣雕刻"）。此外，还有两种草书体文字，即僧侣体
（hieratic）和出现时间相对较晚的世俗体（demotic），这两种字体
通常是用墨水在纸莎草纸上写就，是自然流畅的连写文字。[12] 但
是，这三种文字只在外形上有所区别，实际上是一种文字。[13]
象形文字起初由大约 2 500 种符号组成，但其中只有大约 500
种符号会被经常使用。这些符号是对被命名物体的图像再现：
表示"手"的符号发音为"drt"，表示"荷花"的符号发音为
"ssn"。需要说明，埃及人并不经常标出元音发音，仅仅会标出
辅音。其他的象形文字也仅起提示性作用，例如，"吃"是一个
坐着的人把手放在嘴边的符号，发音为"wnm"。这类符号可能

代表物品、动作，甚至是抽象概念，也可以被用作同音词，即用一个词来表示另一种相似的声音，例如"手指"的发音"db"同样被用来代表"10 000"。大约有 26 种符号只代表一个辅音，而其他 84 种符号则代表两个辅音，另外有 24 种符号代表特定的音节。[14] 大约还存在 100 种不发音的限定词（符号），将这些符号置于语音符号之后，可以决定或是识别相应符号所属的类别：符号下面有一条横杠代表这是一个缩记符，两条横杠代表两种描述对象，而三条横杠则代表三个或是更多的描述对象（见图 5 ）。

　　埃及象形文字似乎早在埃及第一王朝建立之前（距今大约 5 400 年前），就已具备了标准的图形和读音，最终产生了一种由几百种语标、音符和限定词组成的混合文字系统。只有通过这种方式，人们才能书写出具体、易识别的物品之外的东西。例如，人们会用"par"音来表示"房子"和"退出"，但只会写出"pr"来表示这两种意思，后来的抄写员也会用"pr"来表示一些和"房子"以及"退出"毫无关系的单词，还常常会添加限定词以辨别其具体代表的单词。尽管最后 26 个单辅音符号也出现了，但这些符号从来没有发展成字母表。但是在公元前 2 千纪，可能正是这些符号启发了黎凡特的原始字母音节表，一系列代表音节的符号最终演变成现代字母。[15]

　　埃及象形文字通常是用墨水写在纸莎草纸、皮革和陶片上，这使得一种后来被称为僧侣体的草书体文字在大约公元前 2600 年的第二王朝末期得到发展，以方便书写中央政府的往来账目。正如同时期中东的苏美尔楔形文字所发生的变化一样，这一文字最初的图形特征已被风格化，不再清晰可辨。虽然象形文字通过政府法令和传统被保存了下来，但草书体也在另外一种独立的书写习惯中发展，并且接纳了持续性变化。用于官方、个人、世俗、宗教等不同用途的文字得以产生。[16] 到了公元前 7 世纪的第二十五王朝，草书体的一种日常形式得以发扬，被称作世俗体。世俗体大量使用缩写，并被运用于所有的行政和商业交易活动。随着公元 3 世纪基督教传入，出现时间较晚的埃及圣书体衍生文字——希腊字母文字取代了前述三种埃及文字形式。后来，希腊字母文字与埃及科普特字母被共同用于书写埃及语言。

到了大约公元前 3100 年，或许是受到埃及贸易伙伴的影响，苏美尔人已经用简单的、刻有印记的泥版取代了信封外部的标记，这些泥版用语标标记来表示单位、尺寸和重量。[17] 苏美尔语是一种单音节语言，拥有许多同音异义词，即读音相同但意义不同的单词，例如英语中的同音异义词 to（到、向）、too（也）和 two（二）。当用语标文字进行书写时，这种同音异义词会造成歧义，因为在语标文字中一个符号就代表一个单一的语素或是一个完整的单词。为此，苏美尔人设计了一种方法

"愿你照亮他的脸庞，愿你开启他的双眼"

挂钩和长柄狼牙棒符号分别代表"s"和"bd"音，赋予了"sbd"音"照亮"的语义。太阳符号作为限定词，重复了这层语义。篮子表示阳性后缀，表示"你"，因此整个图形符号意为"愿你照亮"。

脸形符号代表"脸"和"hr"音，棒形符号则在告诉读者，"你所读即你所见"。

角蝰符号代表阳性后缀"-f"，意思是"他"或"他的"。

野兔符号代表"wn"音，也代表"开启"。被读作"n"音的波浪符号可辅助读者理解这个概念。

下边两个限定词分别是一扇侧放的门（也代表"开启"的意思），以及抓着一根木棍的前臂（意味着"努力"）。

作为阳性后缀的篮子再次表示"你"的意思。与上面所提及的四种符号构成一句话，意为"愿你开启"。

两只"眼睛"就是眼睛的意思，再现了单词"irty"。

角蝰还是代表"他的"的意思（修饰上面所提及的两只眼睛），而两个斜线符号则指明了眼睛有两只。

图5　埃及象形文字是如何运作的：刻在国王阿蒙霍特普二世石棺之上的内容是女神伊西丝向大地之神盖布祈求祝福

来避免这种混淆不清的情况，或许是再次借鉴了埃及人的想法，他们设计出了纯粹的语音符号来帮助人们辨识语标。这些语音符号具有独特性，就像埃及人的画谜原则一样，用图画来代表单词的一部分。例如，用一只蜜蜂（bee）和一个托盘（tray）的图形来描述英语单词"betray"（背叛）。画谜原则自那时起已在全世界被多次使用。可是，苏美尔语中存在许多同音异义词，仅使用这种语音文字还是不够。因此，苏美尔人也像埃及人一样使用限定词。例如，在书写所有苏美尔文化中男神和女神的名字时都会带上一个"*"。苏美尔文字体系只有从语标文字中发展出音节含义，才能以图形方式再现语法元素，这是早期学习埃及方法的结果。在此之后，它才成为一种真正实用的文字，为其他语言的使用者所用。

到公元前 2500 年，苏美尔人发展出一种十分复杂巧妙的文字技巧，它简洁、高效，能与埃及象形文字媲美。苏美尔人使用了一种带有钝三角尖的笔，这种笔可以很容易地在软黏土上快速连续地书写楔形印记。[18] 在苏美尔语中，符号不再是可以立即唤起对应单词记忆的容易识别的标志，而是用笔连续刻画出的标准且抽象的图形。这极大地提高了文字系统形成单个词的能力。在其后的约 500 年里，一种包含大约 600 种符号在内的初级语料库诞生，苏美尔语使用者能用它来表达所有的事物，世界上最早有文献记载的文学作品也借助这一语料库被印刻在了泥版上。

苏美尔语不再是用楔形文字书写的唯一语言。从大约公元前

2600 年开始，东闪米特阿卡德人入侵，开始同化非闪米特的苏美尔文化，公元前 2400 年又吸纳了苏美尔楔形文字。[19] 在同化了苏美尔文化以及文字之后，阿卡德人随后发展出了属于他们自己的灿烂的巴比伦文化，也正是他们将这片区域命名为苏美尔。尽管苏美尔人在大约公元前 1800 年被阿卡德人完全同化，但苏美尔语还留存在用苏美尔楔形文字书写的阿卡德读物中。阿卡德人还用他们自己的语言去读同样的文字符号，这样，每个符号就都有两种截然不同的读法。[20] 因为阿卡德人建立起来的巴比伦王国国力强盛，很多邻国在接下来的几个世纪里都采纳了苏美尔-阿卡德楔形文字，试图将其套用到与之完全不同的他们自己的语言上，并各自做出改变和补充，以更好地再现他们语言中不同的语音体系。[21] 大约公元前 1600 年，印欧赫梯人采用了这种楔形文字后，他们的抄写员为每个早已具有苏美尔和阿卡德特征的符号增加了新的赫梯特征。每一种赫梯楔形符号在理论上都能以三种不同的方式进行解读，但赫梯人对限定词的灵活运用极大地减少了潜在的歧义。

公元前 1400 年，楔形文字成为在外交和贸易活动中使用的国际通用文字。即使是强大的埃及人也在对东北部邻国的外交函件中使用楔形文字。强大的闪米特和赫梯统治者们积累了庞大的楔形文字语料库。亚述国王亚述巴尼帕（公元前 669—公元前 633 年）在首都尼尼微拥有一个楔形文字语料库，迄今已出土了近 25 000 块刻有楔形文字的泥版。然而彼时，楔形文字的传播速度有所减缓，随后逐渐停止。在公元前最后的几个世纪里，楔形文字的使用范围仅局限于巴比伦王国，直至公元 50 年，天文学校还在使用这种文字。不过，楔形文字最终让位于更具影响力的闪米特辅音文字。

苏美尔语标文字的一个早期分支可能是印度河流域文明（今天的巴基斯坦东部地区）中未被破译的文字。在大约 4 600 年前，随着印度河流域北部的哈拉巴和南部的摩亨佐达罗这两个人口稠密、有着石板路和水利工程的城市的出现，印度河流域早期城邦社会诞生，这两个城市影响的区域面积超过了古埃及。[22] 印度河流域的人民在精雕细琢的铜版文书和皂石印章上刻下属于他们自己的独特文字类型，其原形可追溯至公元前 3500 年出现在哈拉巴陶器碎片上的标记。根据公元前 2500 年的考古文献，独具特色的哈拉巴印章出现于美索不达米亚城市。印度河流域出土了几千种这样的印章，通常为正方形或是矩形，印章上刻画了复杂的动物、神话中的怪兽和盛装的人等各类图案。但是，这些图形并不属于文字，通常出现在这些图形旁边的约 5 种符号才属于文字。在印度河流域的数以千计的图示印章条目中，独立符号的总数大约为 400 种，其中许多种符号既不清晰也不规范。鉴于一种音节或字母文字中具有如此多的符号，有一种假设认为这些符号表达了某种语标文字，或可通过名称来识别所有者。[23] 尽管有人提出这种文字再现了一种早期的达罗毗荼语言，[24] 但并没有确凿的证据予以证实。大约在公元前 1900 年，出于一些未知的原因，印度河流域文化衰落了。

埃及象形文字系统包括 24 种音节，或许这种象形文字基于首字母或是辅音首字母原则产生了最早包括 22 个音节的西闪米特文字。[25] 西闪米特音节文字接着产生了阿拉伯语、蒙古语、满语、叙利亚语、阿拉姆语和巴拉维语文字。[26] 象形文字系统同样启发了印度婆罗米语，随后产生了天城体，即梵语和其他各种印度现代语言所使用的文字，以及南亚其他地区使用的文字。所有这些文字都和它们的源头文字一样，保留了音节文字的特点。

公元前 2 千纪初，迦南文化闻名于世，经济活动通达国际，外交政策秉持一体化，其西闪米特音节文字显然通过塞浦路斯语启发了印欧希腊语的几种音节文字。希腊人在公元前 3 千纪时占领了现代希腊所在的区域，几百年后，他们彻底统治了这片区域，并开始与更加富裕的黎凡特迦南人开展积极的贸易往来。希腊人只从黎凡特那里借用了音节文字的概念，而他们那复杂的符号和语音体系则是以画谜原则和一种非常早期的希腊语言形式为基础，展现出爱琴海式的图形和发音。传统理论认为这个区域的早期希腊人独立地设计出了早期的爱琴海文字，这种理论现在看来似乎是站不住脚的。

在克里特人、克里特岛上的迈锡尼人、爱琴海海岛居民以及希腊内陆居民使用了几个世纪的几种音节文字中，著名的有克里特岛象形文字（有变体），其风格简化成了线形文字 A 和 B。这类音节文字中，超过 4 000 种残存文字构成了欧洲最早的文字。公元前 2 千纪后，随着同样来自黎凡特的一套更适用的原始字母表的引入，希腊音节文字似乎遭到了弃用。而位于希腊边缘的塞浦路斯岛，直到公元前 2 世纪都在使用一种专用的古老音节文字。[27]

关于世界上最古老字母文字的证据可追溯至公元前 16 世纪，它是在现代以色列区域出土的基色罐的装饰上发现的。[28]这种原始字母表在迦南地区被当作象形字使用，约 200 年后，它与楔形字母一起同时在乌加里特（今叙利亚的沙姆拉角）和其他重要的黎凡特城市使用。乌加里特文字保留了早期楔形文字的书写材料和技巧，但也发明出属于自己的字母符号和音值体系。

大约在公元前 1300 年，比布鲁斯（朱拜勒的旧称）的腓尼基语抄写员利用从首字母或辅音首字母原则中衍生出来的符号，精心设计了一种高度简化的音节文字。闪米特腓尼基人从未发现在他们的音节文字中有必要使用元音。若跳出语言学框架，考虑为何不使用埃及文字，那么至少对闪米特腓尼基人而言，承认音节文字比埃及语标文字更适合腓尼基语就足够了，因为这种闪米特语言在构词中偏爱将辅音置于元音之前。这种新的黎凡特音节表作为一种原始字母表，在青铜时代后期被众多贸易中心以不同形式使用。但这一切仅持续到大约公元前 1200 年，那时这种新型黎凡特音节表和楔形字母一同，让位给从青铜时代的迦南象形字母发展而来的辅音字母。[29]

　　作为常规贸易伙伴，希腊人也采用了这种新型的辅音字母。但是他们很快发现，这种字母尽管可以有效地表达闪米特语，但因缺少元音而给希腊语这样的印欧语言造成了许多歧义。在希腊语这样的印欧语言中，元音是重要的语法和意义成分。希腊人意识到，他们必须做出一些努力，创造一种希腊语作者和读者皆可读的字母，从而造就了自文字本身出现以来最伟大的发展进步。希腊人将元音引入黎凡特辅音字母，由此形成了一种全新的文字类别。从那时起，除外在形式外，希腊字母文字几乎岿然不动近 3 000 年。

　　希腊人取得的成就极为简单，却卓有成效（如图 6 所示）。通过使用取自希伯来语中表示"牛"的闪米特辅音符号"ʔ"（'aleph，这种辅音首"字母""ʔ"代表了一种闪米特语的声门塞音，如英语中的"uh-uh"音），鉴于希腊语中没有这种音素，他们便使用不带声门塞音的符号"a"，仅此就创造出一种纯粹的元音符号。接着，他们借用了另外一种辅音首字母（闪米特语中用"yōdh"来代表"i"），并发明了两种新的"字母"，直到他们拥有了所有需要在希腊语中展示的纯短元音的符号标记:"α"
([AH])、"ε"([EH])、"ι"([EE])以及"o"([OH])。希
腊人还量身打造了新的"alphabet"字母表,而"alphabet"(字
母表)这个单词由字母表的头两个字母"αλφα"和"βητα"
组成,以便更加忠实地再现实际使用的希腊语。首先,"η"
是从闪米特"hēth"符号中借用的,用以区分长"ε"和短
"ε"。通过同样的方式,"Ω"(一个底部打开的"o")被设计
出来用以区分长"o"和短"o"。四种特殊的希腊音分别是 υ
(upsilon)、φ(phi)、χ(chi)和 ψ(psi),这四种音也都具有
单独的字母,或许是取自更加古老的塞浦路斯语。

在这一创造过程的末期,机智的希腊抄写员们拥有了一个
简单实用且由单独的辅音和元音组成的字母表。为了书写其语
言,他们需要做的只是按照口语顺序将辅音和元音结合在一起,
从而形成整个单词,这一方法我们今天也同样在使用。世界上
没有其他地方能够独立重复创造出这种完整的元辅音字母。或
许更重要的是,从来没有任何一种文字系统像它一样对绝大多
数语言做出那样卓越有用的贡献。[30]

西欧和东欧的所有文字都起源于希腊字母,包括英语在内。
在接触希腊字母时,没有文字的欧洲人要么是从希腊人那里借
用了文字的概念,要么是照搬了希腊字母或略有改动。例如,
早期的日耳曼部落只是借用了文字的概念,创造出属于他们自

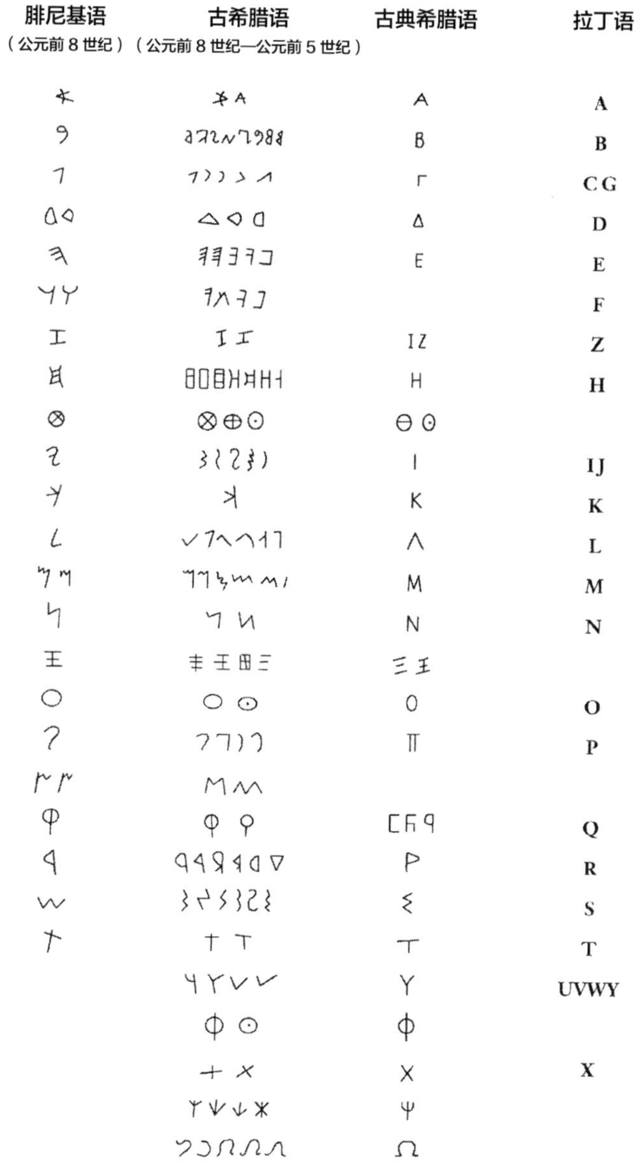
腓尼基语
（公元前 8 世纪）
古希腊语
（公元前 8 世纪—公元前 5 世纪）
古典希腊语
拉丁语
A
B
C G
D
E
F
Z
H
IJ
K
L
M
N
O
P
Q
R
S
T
UVWY
X

图 6　希腊和拉丁字母的演化过程

己的独一无二的卢恩符文系统。卢恩符文包括24个符号，8个符号为一组，用于书写简短的铭文，大多数是在葬礼上使用。从公元1世纪开始，最早的日耳曼文本就是用卢恩符文写就的。直到公元10世纪，最北端的日耳曼部落改信基督教并采用拉丁字母后，卢恩符文才被完全停用。同样，早期的爱尔兰人和威尔士人在接触了字母文字后，发展出了属于他们自己的文字，这种文字被称作欧甘文字，包含了雕刻在柱角的直线和切痕。欧甘文字用一到五个圆点或一到五条直线表示五个元音符号和十五个辅音符号，这些符号要么朝左，要么朝右，或是同时面向两个方向，而基督教的引入也使欧甘文字被拉丁字母取代。

公元前1千纪的伊特鲁里亚人用希腊字母来书写他们自己的语言，今天这种语言仍然没有得到破译，虽然其使用的文字为人所知，但由这种文字组成的语言则成谜，这使得人们尽管可以阅读伊特鲁里亚文，却无法理解它。公元4世纪，日耳曼哥特人在希腊语的基础上巧妙设计出哥特语文字，但这种文字很快就消亡了。公元9世纪，斯拉夫人利用君士坦丁堡的希腊字母构造了两种斯拉夫文字，一种是基于希腊大写字母的西里尔字母，这种字母被俄罗斯采用，即今天使用人数过亿的俄语文字，随后也被许多其他的斯拉夫语，甚至是非斯拉夫语人群使用；另一种是格拉哥里字母，这种字母或许起源于由斯拉夫信徒圣西尔创造的希腊小写字母，今天仅留存于克罗地亚的罗马天主教圣餐仪式中。

在大约公元前 600 年，罗马人完成了迄今为止对希腊字母最重要的改编，他们通过邻国的伊特鲁里亚人，在意大利半岛上接触到了希腊文字。罗马人几乎没有改变原始希腊语，但最值得注意的是，他们把字母"C"发音成拉丁语中的"［k］"音，并把它写成了字母"G"。罗马帝国随后的军事和经济实力令书面拉丁文广泛应用于整个西方世界，拉丁语还对一些非拉丁语起源的语言造成了影响，例如几种凯尔特和日耳曼语言。

当查理大帝那些博学的顾问觉得是时候需要一种清晰且古典的文字时，字母表最后的修改定型就在约公元 800 年生效了。字母"V"被双写成"W"，代表"［w］"声；字母"U"被发明出来用以区分元音"［u］"和辅音字母"V"；字母"J"被创造出来用以区分字母"I"的辅音功能。今天所使用的字母基本上与 2 000 年前罗马人所使用的字母没有什么不同。一个古罗马人几乎可以毫不费力地粗略念出英文书中的单词。到了 21 世纪，拉丁字母成了地球上最为重要的文字系统。

这个古老的拉丁字母传统拥有许多迷人的衍生分支。大约在 1820 年，北美切罗基族的首领塞阔亚（Sequoyah）通过修改拉丁字母的形状创造出 85 种特殊的音节（不是字母）符号，由此构拟了切罗基语音体系。直至今日，人们还可以在切罗基族的宗教出版物和报纸上阅读到塞阔亚的切罗基文字。从 1905 年到 1909 年，居于南太平洋的沃莱艾语使用者——加罗林群岛的岛民修改了欧洲传教士带来的拉丁字母，也创造了一套能够表达他们自身语言的特殊音节文字。拉丁字母两次更为深远的本土扩展分别是 1834 年在杜亚拉布克莱（Duala Bukere）地区形成的西非瓦伊语音节文字，以及 1900 年由纳书亚国王颁布的喀麦隆中部地区的巴姆穆文字。

除西里伯斯岛上的马卡萨-布吉语文字以及菲律宾的米沙鄢文字（一种从印度引进的文字系统的衍生文字）外，太平洋地区在 18 世纪末之前都不具有其他文字系统。事实上，文字在古老的太平洋地区社会中并非必要之物，因为太平洋地区从未发展出需要记数和记录口头文学的复杂社会。当地居民那异于常人的记忆力能满足本土社会的需求，背诵冗长的宗谱也并非难事。南太平洋远东地区孤立的复活节岛上有着世界上最为复杂的文字之一，[31] 岛上的本土波利尼西亚人显然是在 1770 年从造访的西班牙人那里借鉴了文字、直线性以及从左到右书写的概念，从而用大约 120 种基本的语标，如鸟类、鱼类、植物、几何图形等写下了他们那著名的朗格朗格文字。这些语标吸收了各式各样的语义符号作为补充，产生了由主要符号、合音词、附属词以及复合词组成的一种松散混合文字。在原始的复活节岛上，文字并没有突然变得"必要"起来。外来者带着大船、火枪以及大炮而来，他们的文字所展示出的威望或"社会精神力量"（mana）被这个岛上的统治阶级、首领以及宗教祭司利用，以重振他们逐渐衰退的权威。25 种现存的朗格朗格碑文，绝大部分被雕刻在木头上，这似乎构成了简单的"电报格式"，即 $A_1 + B > C$，从而产生了数百种符号，例如"所有的**鸟类（与）鱼**结合:（形成了）**太阳**"（如图 7 所示）。

A+ B > C

manu ma'u ika ra'ā

manu mau ika ra'ā

所有的鸟类 鱼 太阳

(Te) **manu mau** *[phallus: ki 'ai ki roto ki] (te)* **ika**: *(ka pū te)* **ra'ā**
所有的鸟类（与）鱼结合:（形成了）太阳

图 7 阅读复活节岛上的朗格朗格文字

亚洲文字

公元前 2 千纪，中国人开始在兽骨、竹棍、木牍和非常稀有的丝绸上书写对物体进行标准化描述的简单文字，这种文字还可以大声朗读出来。按照惯例，人们书写汉字时按照由上到下、从右到左的顺序。最终，对物体的描述愈加风格化，产生了一种书写更快速、更高效的文字。与图画相关的文字传播范围更广、使用人数更多，无论人们使用的语言是否相同。

汉字的独创性在于其排列组合能形成多种可能性，这种可能性早在公元前 2 千纪末期就得到了充分发展。[32] 两个原始象形文字可以组合创造一个新的字（符号）。"東"（东）是"木"和"日"的结合。"好"是"女"和"子"的结合。"明"由"日"和"月"书写在一起得到。其他的符号则更具象征性，如"上"和"下"分别是垂线位于水平线之上和之下。

原始象形文字和新的组合字包含大约 2 500 种符号，这些符号也可用来表示脱离特定物体的音。公元前 1 千纪下半叶，大约有 625 种限定符号（意符或声符）会被加注在文字旁，用来区别意义和字音。

已知最古老的汉字形式是甲骨文和金文，之后为大篆。在公元前 3 世纪，第一位皇帝秦始皇统一了中国之后，小篆盛行。自那时起，汉字就没有再发生根本的变化，只有一些较小程度的形式改变。最大规模的文字变革发生在大约公元前 200 年，木制笔式微，毛笔兴起，一种新的书写技术应运而生，那就是"隶书"。公元 4 世纪，汉字进一步以更具美感的"楷书"呈现，当时的官方文书和出版物中均使用此字体。而出于日常书写需要，用笔不求精确、书写更加简单的草书随之出现。

汉语在过去几千年中经历了众多语音变化，故许多汉语字符的原始语音已不再那么清晰明确。然而不管从语义层面还是语音层面看，一个符号（形声字）的整体意义还是可以轻易识别的，因为限定符号通常会附加在"语音"符号上。由此，当看到包含"马"的汉语字符时，人们立刻就能通过限定符号明白这个字符到底是"蚂蟥"的"蚂"、"玛瑙"的"玛"、"码头"的"码"、"责骂"的"骂"，还是"砝码"的"码"。今天大多数的汉字（如形声字）由一个可识别的要素（形旁）和一个语音要素（声旁）组成。尽管汉语中可能曾经存在 5 万个汉字，但现在普遍使用的大约仅有 4 000 个，其中包括 214 种限定符号（指《康熙字典》中的 214 个部首），如木、火、水及其变体。同所有的语标文字一样，许多汉字由清晰的"声旁"（关联声音）和明确的"形旁"（关联意思）组成，方便记忆。汉字体系内在的简易性能够完美适应这种拥有基础音调、单音节以及无屈折变化，即无词尾（后缀）变化的语言，这一特性保证了汉字 3 000 年来的稳定延续。今天，超过 10 亿人使用汉字。

在采用了汉字体系的几个亚洲民族中，日本人对汉字进行了最耐人寻味的改动。由于他们原先没有文字，故在取代了日本岛原住民阿伊努人后，于公元初的几个世纪的时间里学会了亚洲大陆上使用的汉语文字，学者们将其引入日本朝廷，以便记录日本政治事件，书写宗教文书。日本文化中很快充满了汉语单音节词，并产生了大量的同音异义词，即读音相同但意义不同的词，例如英语中的单词"pool"，既可作"池塘"解，也有"落袋台球"的含义。一个汉语符号或日文汉字拥有几种不同的读音，既有中日结合，也有日本本土的读法。汉字并不能很好地适应具备多音节和屈折特点的日语，两种文字所传达的汉语意思十分不同。在日文诞生之初的几个世纪，阅读用汉字表达的日语是一个缓慢、费劲且令人困惑的过程。

出于这一原因，1 000多年前日本文官们只选取了几十种汉语符号的读音，并去掉这些字符的本质含义，从而为日语提供了5个元音（a，i，u，e，o）和41个辅-元音（组合音，如ka、ki、ku）。[33] 在此基础上，他们设计出了一个有着46种符号的音节文字，最终从中发展了两种独立的日本音节假名文字，如今每一种都包含48种符号。其中更为重要的假名文字——平假名早在8或9世纪就得到发展，它提供了附属于通常用汉字符号写就的"日文汉字词根"的语法词尾，兼具标记句法和句子顺序的作用，往往还能以小字形式对含义模糊不清的日本汉字加以注释，以帮助读者理解。另一种假名文字，即片假名在大约12世纪时发展开来，是平假名的简化版本，主要用来书写外来语和拟声语等，即模拟读音来表义和表音。

今天，人们在书写日语文本时，会同时使用三种日语文字，即语标文字日本汉字、音节文字平假名和片假名，在特定领域内，标准化用法也并非颠扑不破。通常，一个日本汉字除去其原本的汉语意义和读音外，还具有一两种甚至是三种日语意义和读音。出于这些原因，日语或许可居于世界上最为复杂的文字系统之列，其复杂程度可与中美洲文字媲美。

朝鲜语先是遵循了日语的道路，随后改弦更张。在朝鲜半岛，汉字作为唯一的文字系统一直被使用到公元 692 年。在那之后，伊多语符号在汉语书写的文本中承担起提供本土词尾的作用，这与日语中平假名的作用大致相同。但是当朝鲜族人在 15 世纪接触了西方字母之后，他们创造了一套名为"训民正音"（谚文）的字母体系，开始有 28 个字母，后来仅剩 25 个字母。跟日文相比，朝鲜文称得上较为简单的文字。

中美洲文字

仅有一小部分美洲原住民曾经使用过文字，且仅局限于中美洲。[34] 中美洲文字的起源并不为人所知，一些学者称其乃是土生土长，是这个地区在达到高水平文明之后的一种"自然反射"。但是，地球上任何一处地方似乎都不存在因文明"自然反射"而产生文字的现象。在 5 000 多年的人类历史上，图像艺术再现人类语言的概念似乎只在亚非民族中出现过一次，这一概念从那里辐射全球各地。这就是所谓的文字"一元发生论"，根据目前积累的证据，该理论或许绝佳地解释了世界文字的起源。研究几种中美洲文字，实际上是在解决一种单调冗长的文字传统问题，这种文字传统或许受到了外部世界的启迪。形成于公元前1千纪上半叶墨西哥南部的强大的奥尔梅克，在公元1千纪期间与有着惊人文明的玛雅共同繁荣发展，千年之前方寂然。丰富的玛雅文字传统由同一区域的米斯特克和阿兹特克文字继承和发展。

公元前1千纪上半叶的墨西哥南部出现了一种独特的奥尔梅克象形文字体系（公元前1200—公元前500年）。[35] 这种文字只遗留下一些痕迹，但是到了公元前600年，瓦哈卡、恰帕斯以及韦拉克鲁斯部分地区的奥尔梅克语抄写员们在石头上雕刻了复杂的象形文字，可能记录了统治者的姓名以及关于这些统治者的征战主题，该主题在2 000多年后欧洲人到来之前一直在中美洲碑文中占据主导地位。这些碑文中偶尔也会出现数字，它是所有中美洲文字的组成部分，从碑文中可见数字符号与历法相关的单一传统。不得不说，中美洲的历法是有史以来最为复杂、最具社会普遍性的历法之一。公元前150年到公元450年间，上文所述区域留下了更完善的后奥尔梅克文字记录，这可能得益于奥尔梅克碑文的启发。话说回来，这种后奥梅克文字或许与玛雅文字有某种联系，两种文字可能拥有一个共同的起源。总之，有关中美洲文字的谱系尚不明晰。

　　所有的中美洲文字都是语标文字，用符号来代表物品、观念或是声音。[36] 此外，这种混合文字系统还包括一个纯音值的音节表和其他符号。这一推论或是呈现了公元前 1 千纪的一次极其漫长的本土文字发展，或是呈现了一种借用而来，但早已在外部世界经历了长期发展的文字系统。玛雅文字是中美洲文字中最为复杂也最负盛名的文字，总共包括大约 800 种符号，但其中许多代表王室姓名的符号只使用过一次，常用符号仅有 200 到 300 种。超过 150 种玛雅符号代表音节，基本上都为辅-元音结构。这种文字展现了一种多元性，即一个符号能包含几种音值，例如：兼表读音和限定；代表同音异义词，几种不同的符号发音相同；标示多音词，一个符号可以有几种读音；等等。多元性特性意味着一个符号可以具有双重功能，既有语标功能，即代表一个语素或是一个物品的整体名称，也有音节功能，即代表所描绘物品名称的第一个音节，要单独发音。

　　同中国人在公元前 3 世纪采用的书写工具一样，玛雅人也使用墨水和软毛笔，但他们从上到下、从左到右书写文字。这些抄本和手稿的纸张尺寸均匀，用树皮制作而成，与公元 2 世纪中国人使用的纸张相近。[37] 他们的文字也同汉字相似，每个象形字由两个或两个以上符号构成。例如，书写玛雅统治者帕卡尔的姓名时可以先画出一个帕卡尔的盾牌，再在上面写下代表"主人"的符号，并在其右侧附上可以读出"pa-ca-la"音的音节符号，这一点也同汉字中形声字的声旁一致。

在古典玛雅时期（250—900 年），玛雅人无须智慧超群，也可大致阅读刻在彩绘石柱（刻有文字的石柱）上的日期、姓名和事件。文字对当地的人口和语言而言有直接和深远的影响。不仅仅是在石柱上，巨大的公共纪念碑上也有明亮的彩色雕刻和绘画，展示强大的玛雅统治者们辉煌的人生以及宗谱。但这并不能严格算作现代意义上的"真实历史"，更多的还是作为一种宣传工具来维护统治者的权威，宣传其卓越性，歌颂其正统性，如同世界上许多地方文字的作用一样。[38] 陶制品上也会用符号来装饰，以区分巧克力罐、葬礼器皿或其他物品。

曾经令玛雅王室图书馆熠熠生辉的几千本厚树皮抄本，在16 世纪西班牙人入侵并对玛雅文学著作大规模毁坏后，只有 4部奇迹般地留存了下来，这 4 部抄本都为后古典时期的著作，涉及宗教仪式和天文表的内容。美国玛雅研究专家迈克尔·科（Michael Coe）曾经悲痛地说："就算是亚历山大图书馆烧毁，也没有如此完全地毁掉一个文明的遗产。"

亚非文字中的埃及–闪米特语支经历了世界所有文字系统中程度最大的变革，从象形文字到语标文字，从音节书写符号到字母，这是根据人们的需要而发生的变化，也是根据他们各自时代和语言的需要而发生的改变。苏美尔楔形文字和汉语语标文字的历史经历了相同的演化过程，但出于各自语言的需要，这两种语言只在它们的衍生语言，即古波斯语和日语的音节文字中经历了大幅度"复杂化"过程，那些语言从来都不需要字母文字。纵观整个历史，每一种语言都找到或适应了一种最适合其语音体系的文字。文字并没有"演化"，它们被人有意地改变，以提高言语再现（发出声音）和语义传递（表述意义）的质量。

起初，创造性的文字始于象形文字，在象形文字中，被描述对象的名称旨在提示发音。在这一充分基础之上，利用符号代表物品、观念或是声音的语标文字系统最终得以出现，以更加忠实和有效的方法再现人类言语。但是，随着时间的推移，语标文字似乎产生了新的需求，当这种情况发生时，音节解决方法总是及时出现。比如，埃及文字后来添加使用的音节符号就是在语标文字无法再现演化中的语言时，在语言内部出现的。同样，日语的假名也是在语标文字被一种与之不相关的语言借用时出现在语言外部的。

文字系统中最大程度的改变似乎出现在其他语言的使用者身上，这些使用者借用、适应了一种并不合适的文字系统。在黎凡特的西闪米特语使用者那里，音节符号被修改成辅音符号，以更好地再现这个区域内以辅音为导向的闪米特语。这种情况也催生了可标记辅音和元音的纯字母表，那是当时希腊人对世界文化做出的最大贡献，创造出有史以来对绝大多数语言来说最有效的书面交流形式。希腊字母被成百上千种语言采用和模仿，在19—20世纪尤甚。今天，任何一种尚无文字但需要文字的语言都会自然而然地诉诸字母文字。

通过前文字，即所谓的象形文字对一个物体的描述，元音话语的记忆鲜活起来。对于实际文字的第一个类别——语标文字而言，图形再次触发了关于元音话语的记忆，但是在这种情况下，仅仅用话语，而无须借助被描述之物就可传达出信息。文字的第二个类别是音节文字，话语精简到其第一音节和在限定音节中的位置。在文字的第三个类别，即字母文字中，图形作为一种字母不再和物品相关，而是仅仅再现了元音或辅音声音中的一种，与其他相似的再现声音进行组合后即可按顺序读出。在所有分类中，图形艺术仍然与人类言语密不可分，也就是说，没有任何文字可以完全传达出非语音的人类思想。

也正是通过文字，人们才能最好地了解一种语言的历史。[39]内部语言构拟（在一种语言内找回其更早的形式）加上比较语言构拟（比较两种或多种相关的语言以找回更早的形式）产生了精确但未经证明的关于早期语言阶段的假说。古老的文本体现了这些语言阶段，语言学家不仅可以观察一种语言的早期形式，还可以欣赏到几百年甚至是几千年来语言可能发生的确切变化的类型。就这样，语言科学诞生了。此外，古老文本中借用而来的单词和地名通常保存着在其他地方没有留下痕迹的语言，例如大约 2 000 年前，希腊语和拉丁语关于早期欧洲的叙述中含有瑞提亚语和高卢语元素，这些痕迹揭示了原本可能永远消失的史前语言景观。[40] 即使是现代拼写也可以作为一个微型时间胶囊，指出语言残留的特征、历史起源以及相对近期的变化动态，如英语中"light"（光）这个单词就说明，英语中失去的一个古老印欧语音仍然保留在欧洲大陆，藏在其德语同源词 Licht 中。

正如没有所谓的"原始语言"一样，也没有所谓的"原始文字"。每一种文字都充分完成了一段特定时期内的职责。如果有人在一种文字中看到了原始特征，那么他仅是从时间角度对此做出评判而已。同样，也不存在"无源文字"：文字对言语的影响与言语对文字的影响相同，人们在阅读古老书信时便可领会到这一点。[41] 识字能力对口头语言有深远的影响，受过教育且具有读写能力的发言者通常都是社会的领导者。他们的言语模式通常模仿正式的书面语言，这一做法最终也将被社会上的其他成员模仿。言语特征自诞生以来一直承担着言语模型的作用。

文字在社会中被赋予了一种超乎寻常的影响力，远比大多数人意识到的要强大，这在将书写文字置于神龛之内的现代文化社会尤为显著。书面语通过语言的趋同化、标准化以及保存那些可能会因自然耗损而消失的形式和用法，减缓了语言变化的过程。现存词汇可以通过阅读过去的文学作品来扩充丰富，书面语同样可以在几百年中规范口语的用法，1611 年的《钦定本圣经》《塔木德》以及《古兰经》就是典型例子。此外，书面语可以界定艺术形式，比如莎士比亚戏剧、日本的能剧，还可以构成所有技术的媒介，一如我们今天熟知的编程语言，这种技术媒介取代了口语。

但是，所有的文字系统，不论其如何备受崇敬、富有创意，都是遵循惯例、不甚完美的作品。几乎所有的文字都是对人类言语的一种近似模拟，而非精确再现。在英语中，取决于具体方言，字母"a"可以代表六种不同的声音，如在以下单词中："an"、"was"、"pa"、"date"、"all"以及"hat"。又或因为英语拼写中有古语痕迹，"a"可能完全不代表声音，例如单词"bean"、"beau"以及"beauty"中的 a 就不发音。因含糊不清而产生的意义存疑或不定现象，即歧义，经常出现在音节和字母文字中。

因为使用了一种配适度不高的字母文字，英语无法再现其超音段特征，即体现音调（是？/ 是！）、音长［英式英语中的小屋（cot）/ 二轮运货马车（cart）］、重音［遗弃（désert）/ 沙漠（desért）］、连读［凡·戴克（Van Dyck）/ 范恩·艾克（Vanned

Ike）] 和语气［呃!（eee!）/ 呃……（duh）] 等特点。英语作家们试图通过非系统化停顿、在单词之间留空、大写首字母以及其他一些方法来修正这一问题，但必须承认，标准的英语字母无法再现精准的英语口语。以重音为例，英语书写中并不标明重音，那么我们读到"desert"这个单词时，怎么知道它的意思是"荒野"还是"遗弃"呢？"attribute"这个单词到底是意味着"特质"还是"归属"呢？英语字母在这里显然失效了，只有在上下文语境中才能体现单词的意义，并由此提示重音的位置。而汉语语标文字（指形声字）采用了限定符号（确定词类）和音标符号（词的发音）相结合的方式，就不存在这样的问题。

理想情况下，一种字母文字或许应该代表所有音位话语，即一种语言中最小且重要的声音单位。但是，只有语言学家的特殊符号可以完好地再现语言的确切发音，而这些符号在日常使用中却显得太过沉闷复杂。尽管不同方言和使用同种字母文字的语言之间仍有许多含糊不清的发音和巨大差异，但世界各地使用的流行字母文字具有一定的近似性。虽说简单的字母文字便捷有效，被世界上大部分的地区采用，但汉语和日语这样的语标文字仍然受众广泛，使用者觉得这种文字对各自语言而言非常适用。

尽管文字并不完美，但它仍是现存语言的一种不可或缺的表达方式。言语能积极响应文字，二者处在一种协同合作的关系之中，现今不可避免地联系在一起，就像原始思想与早期人类发声紧密相连一样，它们继续协同多因素改变和推动人类进步。在 21 世纪初，手不再仅仅匹配嘴巴，而是通过计算机编程语言，创造全新的世界，宣告人类电子时代的未来。

第五章

语言家族

同非洲的班图语族和太平洋的波利尼西亚语族一样，世界上的大多数语言都不具有书面谱系，必须通过比较构拟的方法来揭示自身的历史。在有悠久书面历史的语言，如凯尔特语族、日耳曼语族、意大利语族和汉语族中，现代语言技巧得到了发展和磨砺。这使得人们能通过比较构拟的方法，在大多数语言缺失书面记载的情况下，还可清楚理解语言的起源，以及这些语言是如何、在何时与其相关语言区别开来的。

然而，构拟的原始语太过规则和同质，不可能真实存在。只有现代创立的世界语可与构拟的原始语就规律性相较一二，向我们展示构拟的语言与事实的偏差。通常，语言构拟只会产生与自然语言部分相似，而并非完全一致的语言。

所有语言的兴衰变化都是时间和社会盛衰的产物。语言皆在变化，强大社会的语言得以兴盛，落后社会的语言逐步消亡，或被一种外来语言取代。灭绝的语言和使用这些语言的人一样都是受害者，又或者说，其实语言才更像受害者，因为面对危机人们都更愿意放弃语言，而非生命。5 万年来，欧洲人的基因档案几乎没有改变，却经历了一波又一波新语言浪潮的洗涤。具有权威、占主导地位的方言和语言被采用，用途不广、濒临灭绝的语言则遭到弃用，这一现象贯穿整个历史，如今仍在继续，还将改变未来所有语言的历程，直到地球上仅剩下一种占统治地位的语言。目前，上百种小语种正在被印尼语、汉语普通话、英语和西班牙语以及一些其他语言取代。在未来几个世纪里，人们肯定无法欣赏到过去地球上具有的语言多样性图景。

　　人类语言的历史就是一部语言变迁史，从语言在各个时代、各个地点随着时间融合和改变的方式中，我们似乎可以得到某些概括性结论[1]：语系的故土，即其母语（原始语）被使用的地区，通常是过去或现在其衍生语（子语）正在被使用的地区。母语的初期分化一般来说发生在故土附近。因此，人们通常会在靠近故土的地方发现语言多样性最为显著，故土外围地区的语言多样性程度则是最低的。一旦人们认识到语言体系之间的相似点多到无法将其归于偶然时，语言之间就建立了历史联系。姊妹语言便是基于相同母语创新的例子，事实上，其母语可能来自两种或多种独立语言结合的语言区域。姊妹语言之间的细微差异往往证明它们经历了有别于母语的短期共同发展，反之，若姊妹语言间存在巨大差异，则多半代表其与母语之间有过长期分离。

语言演变有四种基本类型：

语音变化，或称系统声音变化，这种变化比其他三种变化类型更容易受到世界上所有语言使用者的影响。这就能解释为什么伦敦人乔叟写下的英语"hūs"和"mūs"在 600 年后的伦敦被读作"house"（房屋）和"mouse"（老鼠）。同样，中古高地德语中的"hūs"和"mūs"在今天的现代德语中也被读作"Haus"（房子）和"Maus"（老鼠）。

形态变化是单词形式的一种系统改变，其发生频率要远低于语音变化。例如，约 400 年前莎士比亚在其文章中使用了单词"goeth"（go 的第三人称单数形式）和"didst"（do 的第二人称单数过去式），而今天在相同语境中我们则会使用单词"goes"和"did"。

句法变化系统地重新排列了短语或句子中的单词顺序。例如今天使用的词语"court martial"（军事法庭）和"Attorney-General"（司法部长）是英语句法体系受日耳曼语底层特点的影响，借用中世纪诺曼法语词汇的古老证据。否则早在几百年前，单词顺序就应该调换成"martial court"和"General Attorney"了。

语义变化改变了一个单词普遍被接受的意义。例如，古英语中的"cniht"是一个通常指称"男孩"或"青少年"的单词。而在中古英语中，"kniht"一词（首字母"k"仍然发音）意为"国王的武官"，后来则用以表示"替国王执行军事义务的领地佃户"。而今天所使用的单词"knight"（首字母"k"不再发音），意为"被国王、王后抑或其他有资格的人员擢升到尊贵地位的人"，这个单词的意义现在变得极其有限，可能很快就会消亡，不会再被使用。

这些变化都是众所周知的语言演变的结果，此外还有同化、异化、辅音弱化（发音软化）、赘生（增加一种声音或字母）、尾音省略（也译"脱落"，削减掉尾音或尾音节）、字中音省略（削减中部字母或音节）、类比、音位转换（也译"换位"，调换声音或字母的位置）、借用、拉平、扩展、缩减等演变形式。感兴趣的读者可从历史语言学文本中了解这类演变的详细内容。

所有这些语言演变的过程在下文的几种代表性语言家族中都有所体现。

凯尔特语族

在大约 5 500 年前，凯尔特人是首批从其东部家园向西横跨欧洲迁徙的印欧语使用者之一。[2] 凯尔特人与意大利人之间有着早期联系，他们很早就已经居住在了中欧和西欧的广阔地区。这一点可以从诸如"波希米亚"等众多欧洲地名中得到印证。此外，重要河流名，如多瑙河、莱茵河、罗讷河，以及维也纳、巴黎等城市名亦可佐证。大约在 2 600 年前，凯尔特人再次迁徙，占领了伊比利亚半岛和不列颠群岛。公元前 4 世纪，凯尔特人入侵了位于意大利北部的伊特鲁里亚地区，几乎占领了罗马。一个世纪之后，凯尔特人又定居于远在今天土耳其境内的安卡拉，在那里圣保罗称这些凯尔特人为"加拉太人"。[3]

公元前最后几个世纪，有三种凯尔特语在欧洲内陆和小亚细亚占据了统治地位。而公元后最初几个世纪，高卢东部的高卢语使用者最终被日耳曼语使用者征服。那时，罗马人的拉丁语早已经取代了法国和意大利北部的高卢语。（高卢语在布列塔尼地区留存了至少两个世纪，直到被从英格兰西南部返迁而来的凯尔特人使用的语言取代。）西班牙的凯尔特伊比利亚语和小亚细亚的加拉提亚语也同样屈服于罗马的威力之下。[4]

只有不列颠群岛上使用的凯尔特语言留存了下来。今天，凯尔特语言的使用者根据他们对原始印欧语中的音素"/kʷ/"的处理可被归为两类。一类是"q-凯尔特人"，或称戈伊德尔人，即说盖尔语的爱尔兰人、马恩岛人和苏格兰人，他们在其语言中保留了音素"/kʷ/"，这就解释了为什么原始印欧语中的单词"kʷetuores"（四）会发生一系列改变，在爱尔兰语中，"四"

是"ceathair"，在马恩语中是"kiare"，而在苏格兰盖尔语中是"ceithir"。另一类是"p-凯尔特人"或称布立吞人，即说布立吞语的威尔士人、康沃尔人以及布列塔尼人，他们将音素"/kʷ/"改为"/p/"，所以数字"四"在威尔士语中为"pedwar"，在康沃尔语中为"peswar"，而在布列塔尼语中为"pevar"。

最初说盖尔语（戈伊德尔语）的是爱尔兰人，他们可能是在大约公元前600年首批到达不列颠群岛的凯尔特人。爱尔兰语在古爱尔兰语时期（700—950年）产生了几种主要的方言。或许是因为被诺曼英语征服，这些方言在中古爱尔兰语时期（950—1400年）都没有发展成衍生语言。紧接着，在现代爱尔兰语时期（1400年至今），英语压制了爱尔兰语。尤其是在17和18世纪，英语取代了几乎所有的爱尔兰语方言。随着20世纪爱尔兰共和国建立，爱尔兰西南部的明斯特方言被选为新的国家语言，取代了外来的英语。但是到目前为止，经济、社会和历史方面的压力一直阻碍这一举措。今天，爱尔兰语主要被居住在爱尔兰岛西端、西北以及外岛上的仅有几千人的经济弱势群体作为第一语言。然而目前大多出于经济原因，这些群体也在鼓励他们的孩子将英语作为第一语言。

大约在5世纪，说盖尔语的爱尔兰殖民者向东远航，定居在了马恩岛和苏格兰，同化了当地的克鲁特尼语，即皮克特人使用的语言。在马恩岛，这些爱尔兰殖民者的语言最终变成了具有自主性的马恩语，最后一位以这一语言为母语的使用者据称已于 1974 年去世。爱尔兰殖民者的语言也在苏格兰经历演化，改变了克鲁特尼语底层特征，这一语言后来成为所谓的苏格兰盖尔语。

说布立吞语的凯尔特人，或称布立吞人，在公元前最初几个世纪跟随爱尔兰人来到布立吞群岛。他们的语言与欧洲大陆上的高卢语十分相似，但是，"高卢-布立吞语言"一直被认为是法国和英国凯尔特人的通用语言，直到罗马入侵带来了拉丁语和日耳曼语使用者。尤其是在 5 世纪，入侵的日耳曼部落逼迫布立吞人迁移到不列颠岛的边缘地区，即苏格兰南部、威尔士、德文和康沃尔。

两个多世纪以来，布立吞人也通过迁徙回欧洲大陆以及向南迁徙到法国布列塔尼地区来躲避撒克逊人的入侵。这些布立吞人的后裔，即布列塔尼人目前人口数量约为 50 万，但今天只有为数不多的人还在说布立吞语。年轻的布列塔尼人最近重新燃起了学习他们传统语言的兴趣，但这种语言并不被法国政府认定为官方语言。

在凯尔特语族中，使用人数最多的是威尔士语。托尔金（J. R. R. Tolkien）认为威尔士语是"不列颠人最古老的语言"，1991 年，有 510 920 人使用威尔士语，占威尔士 3 岁以上人口的 18.7%。[5]威尔士语艰难地幸存至今。过去，罗马人的统治迫使威尔士语吸收了许多拉丁词，而后爱尔兰殖民者侵占了威尔士领土，又向威尔士语输出了盖尔语词，这种影响一直从7世纪持续到早威尔士语时期末期，大约为850年。古威尔士语时期（850—1100年），英语的影响力与日俱增；在中古威尔士语时期（1100—1500年），英格兰的诺曼法语贵族征服了威尔士，给威尔士语带来许多外来的法语词，但威尔士语在当地仍然生生不息。在现代威尔士语时期（1500年至今），亨利八世出台《联合法案》将威尔士与英格兰合并，当英语成为威尔士法庭和官员的用语后，威尔士语的使用频率开始降低。不过，威尔士语还是幸存了下来。

英语的发展壮大将布立吞语的使用者区分开来：苏格兰南部以及英格兰西北部的人们使用坎布里语，威尔士人使用威尔士语，英国西南部的人们则使用康沃尔语。盎格鲁-撒克逊人称这些语言的使用者为"外来人"（Wealas）或是"非日耳曼人"，这便是英语中"威尔士人"（Welsh）一词的起源。威尔士人和说坎布里语的布立吞人则自称"同胞"（combrogi），为其族群身份认同添加了一层新的含义。今天的威尔士人自称"cymry"，并将他们的语言称为"cymraeg"。坎布里语在不断增加的压力之下留存了下来，直到大约1018年斯特拉斯克莱德王国瓦解，它也随即湮没。在康沃尔，凯尔特王国在大约878年被英格兰人征服。从那时起，康沃尔语的使用频率逐渐降低，直到其在

19 世纪消亡。同马恩语一样，这一语言今已人为复活。

凯尔特语族在距今 2 300 年前是印欧语系中最为重要、分布最广泛的语族，今天的凯尔特语族成了印欧语系中最小的分支之一，仅在法国西部和不列颠群岛边缘地带使用，这首先是罗马人和日耳曼人入侵的结果，而后则要归因于英格兰和法国的联合。除去爱尔兰的官方语言明斯特方言之外，凯尔特语族均属于"非官方"语言，受主流都市语言的支配，面临着和加泰罗尼亚语（使用国家为西班牙、法国、意大利）、加利西亚语（西班牙）、奥克西唐语（西班牙、法国、意大利）和吉卜赛语（大部分的欧洲国家）一样的命运。不过，许多其他的欧洲语言社区中也有 2 000 多万的人口使用着非官方语言。直到最近，人们还担心凯尔特语族可能会完全灭绝。然而凯尔特人的社会政治活力以及重新发掘传统语言的自豪感再次点燃了人们对爱尔兰语、复活的马恩语、苏格兰盖尔语、威尔士语、复活的康沃尔语以及布立吞语的兴趣。新的欧洲一体化赋予了人们更大的政治自治权，这些语言的使用者人数大大增加。

意大利语族

公元前 1 千纪，意大利半岛上除却北部和西北部说非印欧语的伊特鲁里亚人和瑞提亚人、来自亚得里亚海（沿岸及诸岛）

说梅萨比语的伊利里亚部落以及南部独立的希腊殖民地外，岛上大部分地区都说一种意大利语言，这种意大利语言属于三大语支之一。这三大语支分别是：皮赛恩语支、奥斯坎-翁布里亚语支以及拉丁语支。[6]

早在公元前 2 千纪，在经历分化之后，意大利中部东海岸地区的南皮赛恩语显现出了与奥斯肯-翁布里亚语支的高度相关性，尽管南皮赛恩语也与威尼托语和巴尔干半岛语支拥有相同的特征，但这一语言的使用者早已在公元前 268 年被罗马征服。

奥斯坎-翁布里亚语支（一称萨贝利语）包括奥斯坎语、翁布里亚语、沃尔斯奇语以及它们的小语种方言在内。[7]同"p-凯尔特人"一样，所有奥斯坎-翁布里亚语支的使用者也将印欧语系中的音素"/kʷ/"替换成了"/p/"，所以原始印欧语中的单词"kʷi（s）"（谁）在奥斯坎语中变成了"pis"。而原始印欧语中的单词"penkʷe"（五）随后在翁布里亚语中变成了"pompe"。奥斯坎语未加改动，保留了许多原始印欧语中的元音，成为奥斯坎-翁布里亚语支中最强大且分布较广的一种语言，它留存于大约 200 幅碑文中，其中大部分可追溯至公元前最后两个世纪。翁布里亚语主要是通过著名的伊库维姆碑铭而为人所知，碑铭出自 7 块或可追溯至公元前 1 世纪的青铜碑，其中包括了关于预言、忏悔、供奉以及祈祷的内容，是古意大利最重要的非拉丁语文本。意大利中部的奥斯坎-翁布里亚语支，如萨宾语、埃奎语、阿拉尼肯语、马尔西语以及其他一些语言在早期就让位给了在罗马占统治地位的拉丁语。拉丁姆（今拉齐奥大区）东南部，即邻近第勒尼安海的意大利中部地区的沃尔斯奇人则使用一种与翁布里亚语密切相关的自主语言。

威尼托语的早期历史并不清晰，这一语言为亚得里亚海沿岸居于波河和阿奎莱亚之间的威尼托人使用。[8]威尼托人的语言留存在大约 300 幅碑文中，那些碑文主要来自位于今天威尼托大区的伊斯塔和拉戈勒·迪·卡拉齐奥地区。诸多特征表明，威尼托语与意大利语族中的各种语言，尤其是拉丁语有着紧密联系。威尼托语或许源于首个在公元前 3 千纪入侵意大利半岛的意大利残留语言。

拉丁语支中的法利希语和拉丁语或许是意大利半岛上最古老的两种意大利语言，可能是受到接触前印欧语的人的影响，这两种语言体现出一种古老的印欧语音风格，其词汇也经大幅改动。法利希语是古意大利部落使用的语言，在公元前 8 世纪伊特鲁里亚人的影响下，这个意大利部落定都法莱里（今罗马北部的奇维塔卡斯泰拉纳）。公元前 241 年，法莱里遭到罗马人的毁坏，法利希语甚至在奥斯坎-翁布里亚语支之前消亡。

公元前 1 千纪，随着罗马势力的壮大，拉丁语在拉丁姆地区脱颖而出，随后风头盖过了半岛上其他所有的意大利语言。[9]拉丁语起初只是罗马村庄的本土方言，之后则变成了历史上最重要的语言之一。直到大约公元前 240 年，拉丁文才真正出现，巩固和充实了扩张中的罗马帝国。拉丁语的历史遵循以下发展阶段：公元前 240 年以前尚无文字的拉丁语→公元前 240 年到公元 100 年的远古拉丁语→公元前 100 年到公元 14 年的古典拉丁语（文字保存完好的拉丁语）→ 14 年到 100 年的拉丁语白银时代→ 120 年到 200 年的古拉丁语→ 200 年到 600 年古典时代晚期的通俗（平民）拉丁语→ 600 年到 14 世纪的中古拉丁语→延续至今的现代拉丁语。

古典拉丁语是尤利乌斯·恺撒、屋大维以及维吉尔的日常用语，作为扩张中的罗马帝国的行政和文化的书面媒介，它很快就"僵化"了，最终成为基督教教会以及所有西方教育机构的书面和口头媒介。拉丁语作为主要教育用语留存到 18 世纪，作为罗马天主教礼拜仪式用语保存到 20 世纪。在被忽略了几十年之后，古典拉丁语在欧洲和北美作为一种第二语言，正在经历一轮充满活力的复兴。

通俗（平民）拉丁语在整个罗马帝国的异域土壤上继续演化，发展出罗曼语族。[10] 这一语族的每一种衍生语言在最终书写在羊皮纸上之前，都以口头形式被使用了几个世纪之久，其中包括诞生于 9 世纪的法语、10 世纪的意大利语、11 世纪法国南部的普罗旺斯语、12 世纪的三种伊比利亚-罗曼语（西班牙语、葡萄牙语以及加泰罗尼亚语）和 16 世纪的罗马尼亚语。罗曼语族中的小语种包括比利时南部的瓦隆语、瑞士峡谷的雷托罗曼语（罗曼什语、拉定语）、撒丁语以及最近消亡的达尔马提亚语、海地克里奥尔语和犹太西班牙语。犹太西班牙语是在西班牙遭到排挤的犹太人的语言，正面临灭绝。[11]

除罗马尼亚语外，所有其他的罗曼语言都不断从古典拉丁语中借用单词。出于诸多原因，今天各意大利语言的使用者之间更易互相理解，这一点要胜过日耳曼语族使用者。尽管非洲西北部的通俗（平民）拉丁语使用者已经在大约700年被阿拉伯语使用者征服，但是之后的西班牙、葡萄牙、法国以及意大利殖民者们又把意大利语言带到了非洲其他地方，甚至进一步带到了美洲、亚洲和太平洋西部，这些语言在那些地区得以繁荣发展。正是出于这个原因，意大利语言在现今全球的使用分布范围仅次于日耳曼语族（比如英语、德语）。

法语产生于具有高卢语基础的通俗（平民）拉丁语，保留了一些凯尔特语的发音：例如用"ct"来表"cht"的音［如苏格兰语中的"Loch"（湖泊）］，"ct"后来又演变成了"it"［通过这种方式，拉丁语中的"factum"（事实）在法语中变成了"fait"］；拉丁语中的"u"变为"ü"，跟法语中的"tu"（你，第二人称单数形式）是一样的。正当高卢的拉丁语化在罗马-日耳曼人的指导之下得以完善时，其他日耳曼部落入侵了高卢，其中的法兰克人最终统治了高卢北部的大部分地区。来自日耳曼的双重影响极大程度地动摇了当地所使用的通俗（平民）拉丁语的语音体系，而高卢南部地区并没有参与到这个过程之中，所以当地使用的通俗（平民）拉丁语发展成一种自主的普罗旺斯语。法语的发展阶段为古法语（842—1350 年）、中古法语（1350—1605 年）以及现代法语（1605 年至今）。[12] 自 12 世纪开始，法语就是世界上最具文化魅力的语言之一，丰富的法语文学作品影响到了许多其他印欧语言甚至是非印欧语言的语言和文学进程。[13]

西班牙语脱胎于在伊比利亚半岛使用、具有凯尔特语基础的通俗（平民）拉丁语。[14] 古西班牙语（1100—1450 年）如今部分保留于少数遗留下来的犹太西班牙语中，就如同意第绪语部分保留了中古高地德语一样。现代西班牙语（1450 年至今）一直受卡斯提尔方言支配，这一方言为西班牙官方语言和书面语设定了标准。西班牙语保留了许多已在其他罗曼语言中遗失的通俗（平民）拉丁语特征。可是，因为西班牙长期被穆斯林统治（713—1492 年），其语言吸收了许多阿拉伯语词。在近代，美洲西班牙方言又借用了许多本土美洲词语。西班牙语现在是世界上分布第二广的语言，仅次于英语。[15]

意大利语是意大利人在本土使用的通俗（平民）拉丁语的一种演化形式。[16] 因本土特征，意大利语保留了最多的原始拉丁语特征，即没有经历各种改变了其他罗曼语言的底层和外来入侵因素的影响。特定的语法创新，例如复数形式（以 i/e/a 结尾）将意大利语与其他的西罗曼语言（以 s/se 结尾）区分开来，使意大利语和罗马尼亚语在形式上与东罗曼语一致。许多世纪以来几乎一成不变的意大利语音体系在罗曼语言中独树一帜，这在世界上也确实少有。今天任何接受过教育的意大利人都能轻易在没有接受特别培训的情况下，阅读中世纪诗人的作品。出于这个原因，意大利语的历史没有像大多数欧洲语言那样分成古代、中世纪、现代三个时期。然而，长期的政治分裂促使意大利出现了一种独立的方言发展过程，与德语情形相似，地方方言文字具有强大的优势。例如，南部和中部意大利语（以及西西里岛语）、托斯卡纳语（带有科尔桑方言）、罗马–翁布里亚语、上意大利语或是高卢–意大利语方言群。今天，在如佛罗伦萨、锡耶纳和阿雷佐等托斯卡纳地区的主要城市，以及罗马使用的意大利语方言成为国家标准语言，又称罗马风格的托斯卡纳通用语。

日耳曼语族

公元前 3 千纪，一个印欧语民族跟随着凯尔特人的脚步走出东欧，占领了今天瑞典南部、丹麦以及德国北部和东北部的地区，那就是日耳曼民族。他们所操语言最主要的特点是对印欧语言辅音彻底的、系统的重新解读，可谓是印欧语言的第一次语音演变，此外还有其他一些具体的创新。约 1 000 年后，与世隔绝的日耳曼部落向东迁徙到维斯瓦河，向南扩张到多瑙河，向西延伸到莱茵河，他们在那里驱赶或同化当地的凯尔特人。在那时，可以通过对特定原始印欧语音的解读辨识出两个主要的日耳曼部落：北日耳曼语支（哥特-斯堪的纳维亚语）的使用者改变了这些语音；西日耳曼语支的使用者则予以保留。在公元前 1 千纪，西日耳曼语支的使用人数有所增加，开始把邻近的凯尔特人驱赶到更加靠南、靠西的地区。公元元年前的几个世纪里，斯堪的纳维亚人、波罗的海日耳曼人、北海日耳曼人、厄尔巴岛日耳曼人以及西日耳曼人都生活在不同的小型群体里。[17]

　　除去将日耳曼部落和凯尔特人混淆的早期希腊和罗马传说之外，迄今为止关于日耳曼语存在的最早语言学证据是在施泰尔马克（今奥地利东南部）出土的刻在内加头盔上的简短铭文，在时间上可追溯至公元 1 世纪。那时，东部地区的北日耳曼语支使用者，即我们熟知的哥特人重复了凯尔特语使用者几个世纪前的做法，迁徙到了西班牙，甚至远至非洲、高卢、意大利、巴尔干半岛、黑海以及小亚细亚。最重要的哥特语文本是西哥特主教乌尔菲拉（311—383 年）的《圣经》译本，主教逝世百年后，在用希腊字母抄写的东哥特王国手抄本中仍可见其全貌。

鉴于哥特语保留了许多更加古老的日耳曼语言形式，对历史比较来说十分有用。在其他北日耳曼语言中，其中一些语言的使用者于公元最初几个世纪在西欧努力缔造了语言历史，那些语言分别是勃艮第语、旺达尔语、格皮德语、路基语、斯兰语以及其他一些在公元 1 千纪让位于本土通俗（平民）拉丁语的语言。黑海沿岸使用的克里米亚哥特语一直留存到 16 世纪。[18]

北日耳曼语支中的原始斯堪的纳维亚语见于斯堪的纳维亚半岛几乎所有地方的众多北欧古文字碑文中，其中一些碑文的年代最早可追溯至公元 4 世纪。碑文展示了一种古老语言，这种古老语言保留了轻读音节的元音（如表示喇叭、号角意思的"horna"），而后这一特点丢失了。斯堪的纳维亚语或许已在公元 1 千纪中叶分化成了东斯堪的纳维亚语（后来的瑞典语、丹麦语和哥特兰语）以及西斯堪的纳维亚语（挪威语、法罗语和冰岛语）。这两种斯堪的纳维亚语在随后几个世纪里积极交流，故彼此仍可理解。[19]斯堪的纳维亚语在公元 1 千纪末期对古英语产生了重大的影响。不久之后，古冰岛语用其埃达歌集、冒险故事、诗歌以及游吟诗人的历史故事丰富了世界文学。斯堪的纳维亚半岛上保存的语言的一致性要比其他所有的日耳曼社会的语言稳定得多。出于这一原因，这些语言在今天更多地被看作斯堪的纳维亚语的方言，而不是独立的语言。

高地德语的"第二次"语音转变将西日耳曼部落分成两个

不同的群体：内陆地区高地德语的使用者以及北部、西北沿海区域低地德语的使用者。[20] 早在公元7—8世纪，中世纪的抄写员就以使用拉丁字母的古高地德语记录下了各种各样的事情。在查理大帝的宫廷里，莱茵地区的法兰克语占据了统治地位。到了中世纪，政治影响力的中心转移到了上德意志区域，那里有两种主要的方言：西部地区使用的阿勒曼尼语以及东部地区使用的巴伐利亚语。16世纪，以马丁·路德为首的宗教改革者利用德意志中部新的政治影响力去宣传他们的出版物，他们的中部德语方言衍生出了现代高地德语，即今天的标准德语。[21]

高地德语成了地球上最具文化魅力的语言之一，德语诗人、剧作家和小说家在世界文坛上占据显著地位。19世纪，德语成了科学和学术研究主要用语。德国有着丰富的方言，从北部的低地德语到位于意大利最北部阿尔卑斯山谷的南蒂罗尔语，今天人们仍然能够在阿尔卑斯山部分区域的语言中听出中世纪的德语语音。数世纪以来，某个特殊的社群将古老的中世纪德语方言——意第绪语或犹太语保存了下来，至今仍在纽约和以色列使用。

作为低地德语的一种，中世纪的低地法兰克语在荷兰流传开来，被冠以荷兰语之名。荷兰南部的方言是比利时三大官方语言（佛兰芒语、瓦隆语和德语）之一的佛兰芒语。17世纪，荷兰语进入南非，从那时起发展成为一种自主语言，即南非荷兰语。但如今受新的本土政权管辖影响，南非的前殖民语言英语取代了南非荷兰语。

公元 5 世纪，说低地德语的许多社群沿北海而居，如盎格鲁人、撒克逊人以及来自丹麦的朱特人，他们跟随罗马的"罗马-日耳曼队伍"中的上德意志后裔，迁徙到了英国东部和南部。通过语言融合，一种新的语言——英语就此诞生，这种语言有一天会"主宰"世界。古撒克逊语最早于 7 世纪发端于英格兰土地上，而用盎格鲁语写成的《贝奥武甫》是日耳曼人最古老、最伟大的史诗，约成书于公元 750 年前的英格兰北部。古英语（700—1100 年）包含三种主要的方言：南部的肯特语（在肯特郡和萨里郡使用）、中南部的撒克逊语（从萨塞克斯郡到米德尔塞克斯郡）以及北部的盎格鲁语（从埃塞克斯到诺森布里亚）。这些方言还受到许多变体和外来语的影响，随着 1066 年诺曼人入侵，这些方言几乎都被法语取代。中古英语（1100—1500 年）主要包括四种受法语和拉丁语严重影响的方言，分别是南部方言、中西部方言、中东部方言和北部方言。乔叟使用与南部和中东部英语联系紧密的伦敦方言写下了《坎特伯雷故事集》，这种伦敦方言后因政治集权之故，最终成了英国的标准语言。

17 世纪初，英语循着荷兰语的脚步，前往北美、东印度群岛、西印度群岛以及非洲和印度的部分地区。随着荷兰语的影响力日渐式微，英语的影响力扩大了。英国接连在 18 和 19 世纪殖民了澳大利亚、新西兰以及太平洋的许多地区。全球性扩张促使国际标准英语产生，这是世界上双语使用者主要使用的语言。英语仅次于汉语普通话，是世界上作为第一语言使用人数第二多的语言。英语国际影响力的增长可谓史无前例，国际标准英语开创先河，几乎形成了一种真正意义上的世界性语言。[22] 日耳曼语言曾经具有的大部分早期共性已被大量的极端特性取代，这些极端特性出现在之后留存下来的语言中。例如，英语中存在源自意大利语的词语以及屈折变化缺失现象〔用词尾体现语法规则，如"who → whom"（主格→宾格形式）〕，德语具有复杂的句子结构（动词常常出现在句尾），斯堪的纳维亚语具有的定冠词后缀（冰岛语中的"bók"意为"书"，而"bókin"则表示"这本书"），此外不乏诸多创新之处。与日耳曼语族多样性形成对照的，则是古意大利语族的同质性。

班图语族

　　今天，非洲的班图语族包含大约 550 种语言，与这一庞大的数字相比，印欧语系只包含 100 多种语言。作为所谓"尼日尔-刚果"超级语系分支的贝努埃-刚果语分支的一个衍生语族，班图语族的使用区域十分辽阔。[23] 从克里斯河下游到索马里南部的几乎所有中非人都说着冠以"班图语"之名、松散组合在一起的相关语言。在 1000 年之前，班图语族原本只在贝宁海湾区域使用，但 17 世纪时，荷兰语抢在班图语之前到达了好望角，故班图语仅仅是在过去 1 000 年里才具有了如今颇具规模的使用范围。此外，班图语之间巨大的语言相似性也表明这些语言的发源地长期以来相依相邻。

"尼日尔-刚果"语系的四种主要语言都属于班图语族，它们分别是卢旺达语、马夸语、科萨语和祖鲁语。斯瓦希里语是在非洲东海岸和桑给巴尔使用的一种班图语，许多世纪以前，为了与班图语语法搭配在一起作为通用语使用，它从阿拉伯语中借用了许多词。在 19 世纪，阿拉伯奴隶贩子用斯瓦希里语作为贸易语言，与远在内陆的刚果进行贸易往来。[24]

一个多世纪前班图诸语言被认为属于一个语族。自那时起，对班图语音体系以及形态学（系统的单词构成，也译"词法学"）的构拟也随之开展。但是，区域扩散和融合造成相关班图语言间频繁借用词语，这使得描述班图语系谱变得极其困难。[25]

近期有学者公布了一项基于词汇统计学方法的研究，即在相关语言中比对 100~200 个基本常用词或在文化意义上比较中性的词。这项研究为班图语族的谱系提供了一个颇为可靠的大体轮廓。[26] 词汇统计学认为核心词汇总是表现得与非核心词汇不同，会以一定频率出现词汇替换现象，仅仅一部词典或是一个单词表就能提供关于语言起源关系的信息。这项研究显示，班图语族起源于今天尼日利亚境内的贝努埃河谷。大约 5 000 年前，班图语族在此地分化成了西班图语族和东班图语族。西班图语族于喀麦隆西部的克里斯河东部地区发展壮大。从大约公元前 1560 年开始，或许是得益于新农业技术的传播，西班图语族逐渐扩张到整个中非地区，并分化成了一系列的衍生语言，每一种衍生语言在不同时间从西班图语族使用者的"主体"中"分化"，这一过程与日耳曼语族的整体分化过程截然不同。

根据这一解读，第一个从主体中"分化"的是尼恩-扬巴萨语。在它之后，米耶内-索阁语也分离了出去，接着是比奥科语。在大约公元前 1120 年，北扎伊尔语族的阿卡-姆巴蒂语从西南部语族中分离。大约两个世纪之后，西班图语族的"主体"一分为二，成为两个独立的语族：西南班图语族和草原语族，刚果诸语言和加彭-刚果诸语言也包含在内。大约在公元前 580 年，布安-苏恩语分化，其中的布安语在一个半世纪之后又发生了内部分化。大约公元 170 年，比朗诸语言作为布安语最东部地区语言的集合从布安语中分离了出去。在大约 330 年的热带草原上，自南部马涅马诸语言从其邻近的西班图语族中分化之后，西班图语族最初的扩张就停止了。一直到公元 2 千纪，班图语族才迅速向东部和南部扩展到非洲边缘地区，取代了沿途遇到的许多本土语言。

最近有人在缺乏书面语的情况下，提出了西班图语族的谱系，其理论基础是词汇统计的比较构拟，即认为语言变化万变不离其宗，某些语言中必有先于同类的创新之处。[27] 这一谱系还附有进一步用于研究词汇的数据估计，以此找出特定语言及其随时间发展之间的关系。这便是语言年代学，一种同词汇统计学一样具有思辨性的语言学研究方法。在拥有悠久文字历史的语言中，所有的基本词汇都以恒定的速度变化或是被取代，这一事实便是语言年代学的基本准则。根据语言年代学支持者的观点，该准则能用特定的年份来表达任意给出的"词汇统计百分比"，即从相似语言中选出的基本词汇比例。

但是词汇替代的比例并不是恒定不变的。根据一种新理论，这可能是因为语言会经历长期的平衡期。在平衡期内，语言变化可能通过传播、内部调整或融合产生。平衡期之后，或会出现突然的"停顿"或是干扰，从而产生所谓的"谱系树"。因此，有关班图语族所有的语言年代学日期都具有主观猜测性。

只有语音比较，即基于一种语言的声音体系进行比较，才能为相关语言的发展提供相对年表，尽管不能体现绝对日期，但在语言学领域，这一方法的有效性不容置疑。然而，人们可以肯定地说，在公元后初期，西班图语族的使用者占据了中非西部的大部分地区。在约 1 000 年之后，班图人开始了大迁徙，最终在 17 世纪末到达了非洲大陆南端。

汉语族

汉语，或称汉语族，其主要使用范围居于庞大的汉藏语系使用范围的最东部，也是最为重要的一个分支。[28] 汉语族由孤立的语言组成，这些语言的"词"通常是一个语素，用词序（也译"语序"）或是特殊的小品词来体现语法关系。与近来才成为孤立语言的凯尔特语族、日耳曼语族和意大利诸语言不同，汉语族在其历史上的所有阶段都保持着孤立状态。或许在不到5 000年前，首批说汉藏语系语言的人进入了黄河流域，并在此永久定居。他们在那里遇见何人，又受何种语言启迪创造出了汉语族，仍然不得而知。似乎大部分汉语中的词是从那些更早的定居者处借用的，语法则无此可能。

在周朝（公元前1046—公元前256年），汉语的使用区域要远小于现在。彼时，汉语的中心地域在黄河流域，但是早在公元前1千纪，其使用区域就扩展到了黄河流域周边。几个世纪以来，毗邻的群体纷纷臣服，那些现在仍在使用汉语的地区就是这样将其代代相传，这与西方的拉丁语如出一辙。6世纪以前是古汉语的时代，中古汉语则于6世纪至10世纪期间得到使用。10世纪到14世纪中期，即明朝初年，人们普遍使用古官话，随后直到19世纪，中古官话一直占据主流。而现代汉语普通话则从19世纪初一直发展、沿用至今。

　　汉语族的衍生语言——汉语普通话是世界上作为第一语言使用人数最多的语言。除此之外，汉语作为一种现代语言（语族），其历史完整在册，上可追溯至公元前 2 千纪中期，可谓世间少有。在商朝（大约公元前 1600—公元前 1046 年），兽骨卜辞所使用的语言显然与之后周朝记载的更为丰富的语言相关。毫无疑问，周朝的这一语言演化出了后来各个时期的汉语，今天所说的汉语也包括在内。

　　因为汉语属于语标文字，并非字母文字，其语音元素亦不清晰，所以构拟中古汉语方块字的发音是一件很困难的事。汉语发音的构拟过程可以借助早期汉语的音韵辞书（即韵书），辞书可以帮助构拟词尾，并通过对比朝鲜语和日语中的汉语借用词来确定词源。历史语言构拟表明，在公元前 2 世纪之前，古汉语会在字词开头加上辅音连缀（复辅音），但其确切性质仍然未知。随着时间的推移，这些辅音连缀被简化为单辅音，使得汉语语素成为单音节字。而在其他一些汉语族语言中，辅音连缀仍存在于字词词尾。有人提出古汉语的元音体系只包含两个元音在内，此为无稽之谈，因其元音体系或可包含 14 种元音。除此之外，极早期的汉语很显然是一种屈折语，其语法会通过字音变化体现出来。而一旦这些屈折变化丢失后，由其引起的差别则会通过不同字音引入、扩展来保持，这是另外一种用以标记词语特殊功能或意义的方法，目前专家们仍然在构拟古汉语。

在周朝时期，汉语书面语跟古典拉丁语一样，可能与正常的口语并无太大差别。但是，在汉朝（公元前206—公元220年）后期，口语不再遵循书面语的规范，两者之间的差异在接下来几个世纪里有所扩大。书面汉语与西方的拉丁语再次产生了共鸣，它并没有反映出正在出现的白话。自古以来，汉语就有地方方言，但这些地方方言直到公元前1千纪快要结束时才发展成为独立的语言，比脱胎于通俗（平民）拉丁语的罗曼语族早了近1 000年。

中古汉语与古汉语有着显著的不同。在中古汉语时期，最初使用的辅音连缀已经完全消失。此外，中古汉语的声调体系在高音和低音音域中各有四声（即中古汉语的平、上、去、入四声各以声母的清浊而分化为阴阳两调，共八调），就像中国南方方言仍在使用的那样。而今天在中国北方使用的北京话总共只包含四种声调。中古汉语和现代普通话之间的区别在于音位数量大幅度减少。音位是语言中最小的重要声音单位，用以区分不同的单词或其部分，例如英语单词"bin"（箱子、二进制）和"pin"（大头针）的音位"b"和"p"可被用来区分这两个单词。音位数量减少导致同音异义词数量增加，而现在的北京话中包含的音位数量最少。这种音位数量的减少对所有汉语族语言中新词的构成，尤其是对同义复合词，即有着相同或相近意义的词的构成不可或缺。因此，今天的汉语"词"通常不再是单音节，而是双音节甚至是多音节。

目前，汉语族主要由 8 种相互之间不能听懂的方言构成，每一种还包含更细分的方言分支。尽管古汉语与现代汉语普通话之间的差别就像古典拉丁语与巴黎法语之间的差别一样大，但所有说汉语的人都有一种强烈的语言统一感，这是三方面因素产生的结果：首先，语标文字不会反映出不同的语言或历时性的变化；其次，基于一种标准方言而产生的书面语避免了来自其他方言的竞争；最后，在整个历史长河中，中国总是处于几乎空前的政治统一之中。今天的书面汉语是对中古汉语白话标准语言的直接延续。

但是，相较书面语，口语中有许多用来阐明句法关系的语法小品词，其原始动词或代词意义在现代汉语中被弱化成了词缀。现代汉语正趋向于多音节化，即使用多音节词，甚至趋于凝聚化，即通过凝聚单一意义成分来形成衍生词或复合词。

汉语官话包含三种主要的方言：北方官话（集中于黄河流域和中国东北）、东南官话和西南官话。纵观中国的大部分历史，始终存在一种包含了书面语和口语在内的标准语言。对贸易、官僚体系和一个严格的中央政府的政治巩固来说，通用的语言是必要的。早在辽（907—1125 年）、金（1115—1234 年）、元（1206—1368 年）三个时期，汉语普通话已稍露雏形，这三个政权都定都北方。现今的汉语普通话在中国北方及其他区域通用，使用人数近 10 亿，占汉语使用者的 2/3。首都北京的北方方言是 20 世纪初以来中国人共同的汉语白话基础，也是大部分西方字典所遵循的汉语基础。

今天的 7 种主要南方方言在语音和声调体系上比北方方言更加保守。东南地区使用闽南语，如浙江、福建、海南和台湾等地；福建西北部地区使用闽北语；在江西和安徽西南部，可以听到赣语；在长江三角洲，即上海、安徽局部、江苏南部和浙江部分地区，人们说吴语；在广东、广西南部、香港特别行政区及澳门特别行政区，粤语或是主流语言；客家话分布广泛，主要在福建和广西之间的地区使用；湘方言，即湖南方言是中国中南部湖南地区的特产。

数世纪以来，朝鲜半岛、日本和越南一直将古汉语的遗存用于日常书面表达。甚至在今天，这三个地区的人仍在使用汉语词根来创造新词。由于种种因素，汉语足以被称作"东亚拉丁语"。由于移民规模扩大，汉语或许在使用人数（包括作为第二语言）上比不上英语和西班牙语，但世界上多数大城市里都能听到汉语。汉语族毫无疑问会在 21 世纪长期保持相当大的影响力。

波利尼西亚语族

波利尼西亚语族也有古老的系谱。[29] 大约在 6 000 年前，它的上位概念——南岛语系，一方面衍生出包括新几内亚、俾斯麦群岛、所罗门群岛、新喀里多尼亚以及其他西太平洋岛屿的南岛语族在内的原始大洋语系，另一方面又孕育了原始东大洋语系。原始东大洋语系包括主要应用于新赫布里底群岛北部和中部、密克罗尼西亚中部以及罗图马岛的西部语族，也包含最终演变为西部原始斐济语和原始波利尼西亚语的东原始中太平洋语族，而这一切发生在大约公元前 1500 年的"斐济-汤加-萨摩亚新月地带"的中东部地区。

波利尼西亚语族是世界上最保守的语族之一，波利尼西亚语中的语音（尤其是元音）、词汇以及语法在过去的 3 500 年里一直非常稳定，或许是世界之最。有人可能会把这种稳定性归因于原始波利尼西亚语根深蒂固的极简特点，这种语言很少使用辅音，通过简单的单音节和双音节词汇、频繁的叠音［单词重叠现象，如英语中的"hulahula"（草裙舞）］以及数量极其有限的小品词来体现语法特征。在此之后，波利尼西亚语族中经常发生的变化一般是"一段式"辅音转换，例如"k"变成声门塞音"ʔ"；"ng"变成"n"或是"ʔ"音；"t"变成"k"音，这些变化在本质上几乎都是方言性质的，故波利尼西亚语族之间都很容易互相理解。这种非凡的保守性和同质性或许也是大多数岛屿群体间持续积极进行贸易的结果，这种往来一直保持到几百年前。

同大多数其他语族不同的地方在于，波利尼西亚语族不包含归属有争议的语言。但是，语言和方言之间的界限常常并不清晰，因为大量相似语言除了少数且易辨别的语音替换之外，共用着近乎完全相同的词。例如，"住宅"在萨摩亚语中写作"fale"，在塔希提岛语中为"fare"，在拉帕努伊语（复活节岛语）中写作"hare"，在毛利语中写作"whare"，而在夏威夷语中为"hale"。今天，从西太平洋的所罗门群岛到遥远太平洋东南部的复活节岛，大约有36种波利尼西亚语言仍未沉寂，这些语言都大约在3 500年前由同一个原始部落发源而来，在新的孤立状态中得到发展，偶尔才和故土产生接触，由此形成了一种独特的文化和语言。几千年之后，西方人将这种独特的文化和语言称作"Polynesian"，"poly"在希腊语中表示"许多"的概念，而"nēsos"则是"岛屿"的意思。

在与其姊妹语——原始斐济语分化之后，原始波利尼西亚语可能在汤加经历了一段长期的孤立发展。[30]纵观波利尼西亚语的历史，人们在岛屿或群岛间的迁徙是造成语言分化的共同原因。定居人口的语言持续性之所以有保证，是因为后来的少数拜访者不会将他们的语言强加给数量庞大的原有居民。在公元前 2 千纪的汤加，原始语言分化成了两种独立的语族，分别是最终产生了汤加语及纽埃语的原始汤加语族和原始核心波利尼西亚语族，后者或许起源于萨摩亚的定居地。大约在 2 000 年前，原始核心波利尼西亚语族的使用者迁徙到马克萨斯群岛的西北部，他们成功地在那里建立起了一个永久定居点。几个世纪以来，马克萨斯群岛西北部的人们与故土之间只有零星的贸易往来，从而演化出了一种新的语言，即原始东波利尼西亚语。

与此同时，祖语仍然继续在萨摩亚发展，并最终成为原始萨摩亚-离群语。随着时间的推移，萨摩亚语以及其他群体所使用的个体语言诞生，特别是在公元 1 千纪时，这些群体离开了萨摩亚，到其他岛屿定居。这些后来的语言在不同时期从演化中的萨摩亚语分离出去，在各自孤立的岛屿家园上成为托克劳语、图瓦卢语、东乌韦阿语、东富图纳语、纽阿福欧语、普卡普卡语以及其他大约 15 种语言，其中一些语言属于被称作"离群语"的特殊语支，或属被称作"波利尼西亚大三角"的新西兰-夏威夷-复活节岛以西的波利尼西亚语群体。[31]

早在公元 1 千纪，马克萨斯群岛西北部的原始东波利尼西亚语使用者或许就通过土阿莫土群岛、芒阿雷瓦群岛（甘比尔群岛的旧称）和皮特凯恩群岛迁徙到了复活节岛，在那里他们的语言演化成了今天的复活节岛语。随后，他们定居在马克萨斯群岛东南部区域，与此同时，原始中东波利尼西亚语在那里得以演化发展。或许在公元 4 世纪，马克萨斯群岛上的一群人出发前往了夏威夷，他们的语言经过数世纪发展，最终成了夏威夷语。大约一个世纪之后，马克萨斯群岛上的另一群人出发前往塔希提岛并建立起了自己的语支，即塔希提语支，这一语支而后传播到了土阿莫土群岛、南方群岛、克马德克群岛和库克群岛。大约在 1300 年，一群说着毛利语的库克群岛岛民把他们的塔希提语带到了新西兰。

到了 1450 年，波利尼西亚大迁徙结束，那时太平洋上几乎所有适宜居住的岛屿都已有人定居。马克萨斯群岛西北部和东南部使用的语言在语音和词汇上愈加不同，直到 18 世纪变成了各自独立的语言。东波利尼西亚语在其他地区也遇到了同样的情况，如塔希提岛南部的南方群岛。尽管大多数情况下在土阿莫土群岛、库克群岛和新西兰分化了的语言被称作"方言"，但这些语言之间的差异可能比丹麦语和瑞典语之间的差异还要大。

19 世纪，欧洲人和美国人入侵太平洋区域，给当地带去了灾难性的流行病，加之奴隶起义不断，人口损失高达 96%。不仅如此，伴随着文化毁灭、语言趋同、方言消失以及语言污染和替换现象出现，太平洋区域的言语鲜有幸存：夏威夷、新西兰、萨摩亚和库克群岛地区的语言被英语取代；塔希提岛、土阿莫土群岛、马克萨斯群岛、南方群岛和芒阿雷瓦岛的语言被法语取代；西班牙语取代了复活节岛语，仅有实行君主政体的汤加王国和更加偏远的小岛屿得以幸免。

现在，大多数波利尼西亚岛民都已经完全遗忘，或至少正在遗忘他们祖先的语言，那种语言被具有大都市气息的西方语言取代，在法属波利尼西亚地区尤其如此，一种塔希提通用语取而代之。如今，汤加语、萨摩亚语和塔希提岛语等波利尼西亚语仍朝气蓬勃，使用人群依然庞大。卡平阿马朗伊语、蒂科皮亚语及其他一些语言作为小众孤立语言，同那些曾经使用人数众多的夏威夷语、毛利语等一道，在政府的支持下得到了民间复兴。波利尼西亚具有丰富的口头文学，有舞蹈歌曲、圣歌、神秘故事、宗谱等等流传于世，而这些都于 19 世纪失传。只有小部分作品被西方学者以及少数受过教育的岛民记载了下来。虽说只有复活节岛存在过本土文字，但其朗格朗格文字是受 18 世纪末欧洲人启发的产物。

这些代表性的语言家族，如凯尔特语族、意大利语族、日耳曼语族、班图语族、汉语族以及波利尼西亚语族等，都展示了语言演变的多样性以及普遍性。凯尔特语族展现了一种重要且分布广泛的语族是如何只经过几个世纪就变得无足轻重；意大利语族展示了一种小的衍生语言——拉丁语如何产出一种庞大但保持同质的罗曼语族，后者的语音和词汇在千年后还继续得益于其原始语言；日耳曼语族的多样性和分裂性呈现出与意大利语族相反的发展趋势，只有英语这一种衍生语言在受到意大利语族严重影响之后，最终近乎成为世界性语言；班图语族在非洲中西部产生了很多未再继续分化的衍生语言，接着在过去的千年里经历了前所未有的扩张，在非洲东部和南部占有绝对的优势；汉语族的最大特点是统一和连续，或许应归因于几千年来稳固的社会和中央集权；波利尼西亚语族经过扩张成为史前分布最广泛的语族，同时也可能是世界上最保守的语族，如今它却屈从于更为强大的都市语言，处境十分危险。

在过去的几千年里，大趋势愈发明显。例如，许多语言都是从一种"综合主义"的融合型语言过渡、转变为代表"分析主义"的孤立型语言，换言之，原始语言利用词尾来体现语法规则，但其衍生语言抛弃了这些词尾，转而使用一种带有小品词或是介词的固定词序来体现语法规则。几乎所有的语言变化都是循环性的，随着时间的交替，在语言的融合、凝聚以及孤立状态之间，在核心标记（如动词附着）和从属标记（如主语、宾语附着）之间，在短语和句子排列上的严格句法顺序间转换。在过去的大约 3 000 年里，埃及语从屈折语演化成黏着语后，又重新演化成了屈折语。所有的语言都在变化，它们倾向于形成相似的类型循环。[32]

人们可以探测到语言演变的层次结构，因为一些语言因素要比其他因素更容易变化。语音变化是最频繁的语言演变类型，语义变化也相对快速地发生。比较不常见的是形态变化，即构词的系统变化和语法形式的变化，尤其是词形变化［如拉丁语中的 puer, puerī, puerō, puerum（意为"男孩、青年男子"，这几种形式为拉丁语变格）］。同样较少发生的是句法变化，即短语或句子中词序的系统变化。最罕见的变化之一是单词重音变化，词的重调和重音往往是一个比较古老的特征，可以帮助语言学家将衍生语言与原始语言联系起来，或是将借用词与其起源匹配起来。例如，法语中的人名"Marcel"（马塞尔）一词的重音在最后一个音节上，保留了原始拉丁语中古老的规定，其词源"Marcellus"重音落在倒数第二个音节上，而法语演变成为孤立语时丢掉了 -us 的词尾，因此历史上倒数第二音节上的重音实际就等于现代法语中最后一个音节上的重音。认识到这样的遗留特性后，语言学家可以探索出无数种语言起源和关系。

另一个趋势也随着时间流逝变得越发明显。人口数量越多，语言数量却越少，这未尝不是一种矛盾。史前孤立隔绝的社会拥有更丰富的语言多样性。城市化开始以来，不断增加的人口数量使得语言多样性枯竭。尤其是在 19 世纪早期，作为工业革命的结果，人们蜂拥进入城市生活，形成了历史上第三次人口大迁徙，至今仍然在继续，从而产生了很多政治集权国家，并因此需要一种标准的国家语言。现今的国家语言，即所谓的都市语言正在淘汰世界上几百种更小的语言。据估计，地球上大约 60 亿的人口数量在接下来的 50 年里将会翻上一番，可以预见，地球上许多较小的语言将会在这一时期消失。

用一个好的结论来结束对语言家族的评述吧。人们经常听到这样一些流行的表达，如 "5 000 岁的泰米尔语" 或是 "1 500 岁的英语"，没有什么比这类说法更偏离事实了，在地球上没有一种语言要比其他的语言更古老。每一种当前使用的自然语言，只要它既非复活而来，也非发明创造，就都是完全同龄的。

第六章

走向语言科学

20 世纪初，杰出的美国语言学家莱纳德·布龙菲尔德
（Leonard Bloomfield）写道："语言科学是人类迈向自我实现的阶
梯。"[1] 这一阶梯跨越了数千年，早在书面语出现之前，古人就
将人类语言神化成上天给予的特殊天赋，有许多彼此之间不相
关的文化均对此观念深信不疑。公元前 1 千纪，印度和希腊开
始了严肃且组织有序的语言学研究，这样的语言学研究相互促
进，从未中断，并一直持续至今。希腊语法术语的拉丁语翻译，
如名词、代词、动词、副词、形容词、冠词、及物动词、不及
物动词、屈折变化、变格、时态、格、性、主语、宾语以及许
多其他的术语，仍被大多数西方文明用来描述语言。

古印度的梵语学者们擅长研究语音和音系学理论，以及进
行语法分析。彼时，梵语学者们的研究具有系统化的方法和原
则，远比欧洲的同类研究更为科学，但人们对古代印度语言学

的起源和早期发展知之甚少。相比之下，古希腊的语言学发展从古至今一脉相承。古希腊语言学传统后来传至罗马，罗马晚期的拉丁语语法学家研究了拉丁语词类、屈折变化以及它们在句子中的作用和关系，这一研究后来又启发了中世纪的学者们，而他们的研究成果又被文艺复兴时期的语法学家们重新解读，这一切为最终在 19 世纪出现的现代语言科学提供了初步基础。自古希腊人思索语言问题以来，欧洲语言学界就一直未放弃追寻答案；每一代人都对富有洞察力的前人的著作有所了解，并从中获益（如图 8 所示）。因此，仅欧洲语言学历史就可以大体上体现语言学的历史。然而，人们不应该低估非欧裔语言学家们的影响力，因为在过去的 2 500 年间，每一位认真地书写关于语言的文章的学者，都对与"何为语言？它起源于何处？又将走向何处？"这组问题相关的知识的发展做出了自己的贡献。

印度

世界上已知最早的语言学研究大约于公元前 800 年到公元前 150 年在印度展开，目的是保存印度吠陀时期的口头文学。[2] 跟西方一样，印度学者也将语言学传统一直延续至今。印度的语音学以及各种语法主题，包括关于音系学和语义学的深刻论述都超过了西方同期取得的所有成果，一直到 18 世纪都是如此。尽管印度语言学家不从历史角度思考问题，但他们也立足于语言随时间变化的现象，得出了他们的研究结果。

不同于古希腊语言学，印度的语言学传统似乎早已完全成熟，其历史非常悠久，达到了理论发展的辉煌顶点，却没有被记录下来。印度首本伟大的语言学著作是波尼尼（Pāṇini）撰写的关于梵语语法的《波尼尼经》（Aṣṭādhyāyī），也称《八章书》，该书是最早论述印欧语中各主题的科学著作，在公元前 600 年到公元前 300 年间以书面或口头形式传播。[3] 尽管印度的语言学研究传统领先且取代了欧洲的语言学研究传统，探讨了深奥的语言学理论以及语义学、语音学、音系学和描写语法，但印度的语言学著作可以被归入西方学术中关于语言学研究的同一大主题之下。与文学研究和哲学思辨相比，印度早期语言学家得出了一个令人信服的观点，那就是语言与形式、意义的关系更多地取决于随意的惯例，是一种传播社会习俗之举，而不是自然模仿，比如模仿自然界中的声音。他们的语义学研究早已经将单词意义和文化遗产同样视为可知可感的创造物。[4] 印度最早的语言学家们持有令人瞩目的现代观点，他们认为所有的句子都可以由自主的语言单位构成。而西方语言学家直到 20 世纪才达到这一水平，他们长期以来一直把精力集中在"词"上，并把它看作语言的基本组成。

形式与实质的关系问题是一个古老的语言问题，实际的言

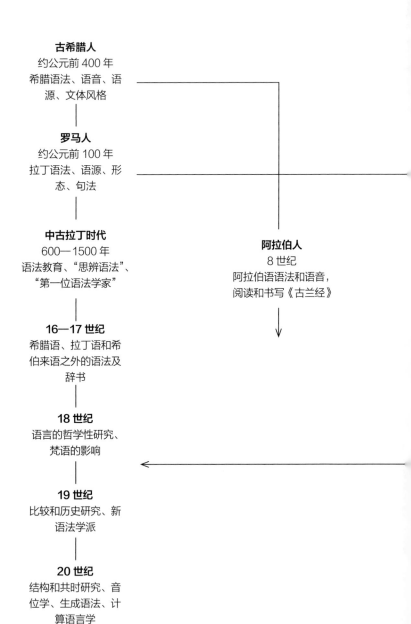

古希腊人
约公元前 400 年
希腊语法、语音、语
源、文体风格

罗马人
约公元前 100 年
拉丁语法、语源、形
态、句法

中古拉丁时代
600—1500 年
语法教育、"思辨语法"、
"第一位语法学家"

阿拉伯人
8 世纪
阿拉伯语语法和语音，
阅读和书写《古兰经》

16—17 世纪
希腊语、拉丁语和希
伯来语之外的语法及
辞书

18 世纪
语言的哲学性研究、
梵语的影响

19 世纪
比较和历史研究、新
语法学派

20 世纪
结构和共时研究、音
位学、生成语法、计
算语言学

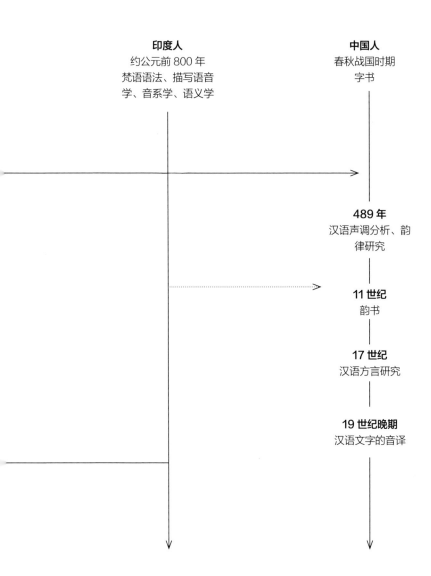

图 8 语言学发展简况

语表达与继承而来的特点、类别和规则体系相对立，印度最早的梵语学者们早已预见到了这一点，他们发明了关于"说出口的话语与未说出口的话语"（dhvani-sphoṭa）的关系理论。"说出口的话语"就是"dhvani"，而"未说出口的话语"是"sphoṭa"，是永久的语言实质。说出口的话语源自未说出口的话语，就像从井中取水一样。在语音学上，印度语言学家早在公元前 150 年就已经将语音描述、精准的发音过程（发音的动作和方法）、辅音和元音音段以及合成音段有序地放置在语音结构中。显而易见，古代印度学者们已经完全直观地认识到了音位学的原理，"未说出口的话语"理论就与此相近，而西方学者直到 20 世纪才充分地描述音位学原则（下文将详述）。

　　或许，印度语言学家最为人称道的是他们对梵语的语法分析，尤其是波尼尼的《波尼尼经》一书，尽管这本书并没有完全阐述今天人们理解的"语法"。古印度学者们似乎痴迷于语法，寻求用最为简明和优先的方法来陈述所有的规则，一位评论家指出，在假定一个语法规则时，把短元音的长度减少一半至关重要。构词规则体现于一套严格的格言式"主题"（sūtras）中，且应予以优先考虑。相比之下，梵语的语音以及语法描述几乎都具有推测色彩。波尼尼的"语法"不仅构建了印度语言学体系，还在大约 2 300 年后为欧洲比较语言学和历史语言学研究的创建做出了贡献，与之共同开创了现代语言科学的篇章。

希腊

语言科学建立于希腊基础之上。[5] 希腊最早关于语言科学的研究记载要追溯至公元前 5 世纪的古典时期初期。希腊人对异族人或是"说外语的人"的言语并不感兴趣，却着迷于希腊方言。这是因为古希腊语跟今天的斯堪的纳维亚语言一样，内部差异非常大，但所有的使用者都能敏锐地感受到其内在的一致性。在公元前 5 世纪初，历史学家希罗多德写道："整个希腊社会流着相同的血，说着同一种语言。"

绝大多数希腊方言都简化成了文字。事实上，希腊人最伟大的文化成就可能是他们早在公元前 1 千纪就精心发展出的字母文字（见第四章）。阅读和书写希腊字母（在希腊语中为"grámmata"）的能力和技巧被称为语法，掌握了这种能力和技巧的人就是"语法学家"（在希腊语中为"grammatikós"）。[6] 字母文字研究是哲学（在希腊语中为"philosophía"，即"追求智慧"）中不可或缺的一部分，对雄辩家来说尤其如此，例如公元前 5 世纪西西里岛的哲学家高尔吉亚（Gorgias）就把研究和书写语言作为一种提升雄辩技巧的工具。

柏拉图（公元前 427？—公元前 347 年）在后世被赞誉为"第一个研究语法潜在性的人"，在其对话录《克拉底洛篇》中，有一场关于语言起源以及单词之间关系和意义的辩论：自然派

（唯实论者）认为词汇都是拟声的，声音可表示意义，并以其声音来象征事物；而惯例派（唯名论者）认为单词是任意可变的，因此任何语言变化都不过是惯例。[7]

亚里士多德（公元前 384—公元前 322 年）作为古代最伟大的智者，以折中的方式讨论语言，并且提出了自己的观点，他认为没有自然而然出现的事物，故语言是惯例的产物。亚里士多德对语言有明确的理解，认为言语是思维经验的表征。

公元前 2 世纪，斯多葛学派首次独立研究了西方文化中语言的各个方面。他们首次将语言学研究分成语音学、语法学和语源学（词语历史）。希腊人擅长语法研究，并影响了西方语言学 2 000 多年的发展进程。

在关于语言起源是"模仿自然"（模仿论）还是"来自社会习俗"（习惯论）的争论中，斯多葛学派倾向于前者，而亚里士多德则偏爱后者，他们在语言的核心主题是不规则还是规则上也抱有截然不同的观点。[8]（公元前 1 世纪，尤利乌斯·恺撒在一场军事战役中跨越阿尔卑斯山时，甚至花时间思考了古典语言学中的不规则性与规则性争议，这足以说明此问题的受关注程度。）在亚里士多德看来，规则性是希腊形态学或是系统构词的主要特征。得益于亚里士多德，现代语言学家目前认为对形式类比的辨识和规范化是对希腊形态学颇为准确的简洁描述。

继斯多葛学派之后，希腊语言学研究主要关注正确的发音和文体风格，学者们创造重音符号，以便在书写中准确再现希腊口语，在这一过程中他们实现了对荷马史诗最准确的文本再现。只有少数语音研究尚有记载，但那些语音研究都以字母为导向，在文本字母和口语中的离散声音之间构建了一种无效的关系，而其真正的关系直到现在才为人所知。希腊人对语音学一直采取主观且诗意的解读方式，远不及印度语言学家的描述，不够充分。

但是，古希腊的语法分析标准始终保持在较高水平，其体系和术语也成为范例。希腊语法主要以雅典地区的古典书面希腊语为基础，采用了一代又一代拉丁语学生熟悉的"词语-词形变化"模式，例如"amō"表示"我爱"，"amās"表示"你爱"，"amat"表示"他 / 她 / 它爱"，等等。但是古典形态学并不能替代语素理论，希腊语言学仅仅停留在较高的词语层面，并没有发展到印度在几个世纪前已经达到的洞察阶段。音系学同样陷于字母发音的泥淖中，希腊语言学家在此方面的研究更多关注对书面语而非口语的描述。然而得益于柏拉图和亚里士多德的作品，希腊人首次以一种欧洲语言创造了一套语言学术语，来描述观察到的语言特点以及变化过程，也是通过这种方式，"名词"和"动词"等术语成为非常实用的词汇工具，开始流行起来。

语法学家狄俄尼索斯·特拉克斯（Dionysius Thrax）著于公

元前 1 世纪初期的《希腊语语法》是关于希腊语言最早的详细描述，在随后的 13 个世纪里被视为关于语言的权威文本，作品只省略了句法。特拉克斯的风格是简明、准确、整洁的，他的讲解放大了语言的规则性以及语法的主要领域。在公元 2 世纪的埃及亚历山大港，阿波洛尼斯·狄斯考鲁（Apollonius Dyscolus）编纂了第一本关于希腊语句法的综合理论著作，后来对拉丁语语法学家产生了巨大的影响。他以名词和动词为两大支柱构建了自己的句法描述，发现语法存在于动名词以及动名词和其他词语分类的关系之间。在作品中，阿波洛尼斯预言了更晚才出现的主语和宾语的句法区别，以及主句与从句的概念。

中世纪君士坦丁堡的希腊语言学研究有一些典型个例，如马克西姆·普拉努得斯（Maximus Planudes，1260—1310 年）对希腊语格位进行语义研究，其成果流传至文艺复兴时期的欧洲，影响了格位理论。除此之外，相关研究主要涉及对古文本的文学评论，缺少古希腊作家的思想深度。[9] 彼时，希腊学术的活力早已传播到了罗马。在罗马，拉丁语已经成为延续希腊语法理论的载体。

罗马

公元前 3 世纪至公元前 2 世纪，希腊逐渐屈从于罗马的权威。讽刺的是，罗马在公元 1 世纪完全占领希腊世界之后，希腊语并没有臣服于拉丁语，反而是拉丁语让位给了希腊语。尽管罗马帝国西部的日耳曼人和凯尔特人被迫屈服于拉丁语政权的管理，但东部在希腊政权的统治下仍然坚定地使用希腊语，任用希腊官员，接受希腊文化和思想。在几个世纪里，意识形态上的分歧最终导致了罗马帝国的分裂。希腊文学吸收了罗马的文学原型，而希腊语本身就是文化语言，就像 1 000 年后拉丁语成为欧洲中世纪语言一样。

在学术和艺术领域，罗马语言学是希腊语言学的延伸。希腊和拉丁语理论之间并没有分明的概念鸿沟，而是处于完全相同的哲学领域中，两种语言有着相同的动态连续，这一过程在一定程度上是因两种印欧语言的相对类似性促成的。[10] 除罗马人极早期的作品外，著作等身、博闻强识的瓦罗（Varro，公元前 116—公元前 27 年）是第一个探讨语言学的批判性拉丁语作家，其作品流传至今。瓦罗的《拉丁语论》最初共有 25 卷，但完整留存下来的只有第五至第十卷及其他一些残卷。他花了大量篇幅来探讨语言学中的"不规则性与规则性"争议，也有关于拉丁语性质和早期发展阶段的独特见解，而不仅仅是模仿希腊先贤的观点。瓦罗的著作分为语源学、形态学和句法学几个方面，凭借敏锐的洞察力和丰富的拉丁语范例，此作得以与希腊最好的语言学作品媲美。尽管古人对历史语言学的无知在作品中十分明显，且共时性和历时性的观点也可互换，但瓦罗在讨论同词根词汇的词形变化时，就赞成和反对"不规则性和规则性"的论证提出了一种折中的解决方案，他既承认了语言中的词语构成，也承认了其相关的意义。

瓦罗的观点在当时具有不同寻常的创新性。他将派生词构造（如英语单词"derivation"派生于单词"derive"）与屈折词构造（如"derive"变成"derives"）区分开来，并发现后者是一种自然变化，而前者是一种非自然且更为受限的变化。同样，瓦罗对拉丁单词形态分类也有独树一帜的想法。不同于希腊人，他并不简单认为"格"和"时态"是拉丁语和希腊语的主要分类依据，也并未因循守旧，根据名词（格的变化）、动词（时态变化）、分词（格与时态）和副词（非格也非时态）的屈折变化建立四大类别，而是进一步描述了每一种词的独特功能。名词命名事物，动词说明状态，分词连接成分，且具有和前两种词一样的句法规则，而副词支撑所有这些功能。瓦罗显然对同词根词汇承担的广泛语法意义很感兴趣，例如"legō"表示"我选择，我阅读"，"lector"表示"读者"，"legēns"表示"正在读书"，而"lectē"表示"精挑细选地"。

毫无疑问，瓦罗是罗马最具独创性的语言学家。其他罗马作家只是肤浅地探讨语言话题，专注于文学题材，或是盲目遵循特拉克斯所著的《希腊语语法》。在瓦罗之后，再没有其他人对"不规则性与规则性"争议表现出更浓厚的兴趣。语言学界的后起之秀当属公元 1 世纪的昆体良（Quintilian），他在其 12 卷的《雄辩术原理》一书中重复了特拉克斯的观点，即语法在通识教育中是不可或缺的工具，另简要回顾了拉丁语的"格位"体系。到了公元 6 世纪，罗马语言学家才开始采纳并分析希腊语言学的术语和分类方法，并将其应用于拉丁语上。亚历山大学派的学者狄底谟斯（Didymus）早在公元前 1 世纪下半叶就撰文指出，希腊语语法的所有特点也能够在拉丁语语法中找到。

描写性拉丁语语法到后拉丁语时期才定型，在随后的几个世纪里一直作为整个西方教育的基础。[11] 后期拉丁语语法学家的主要著作是普里西安（Priscian）于大约公元 500 年在君士坦丁堡写就的《语法教程》。在这部洋洋洒洒上千页的大部头著作中，普里西安回顾了君士坦丁堡的语言发展，并以希腊语为基础，对古典文学中已经过时的语言进行了分类，但他忽视了语言的动态演变。他的目标非常清楚，那就是从希腊语语言学中抽丝剥茧，探寻拉丁语语言学的起源，为此，要特别参考特拉克斯的《希腊语语法》以及狄斯考鲁的著作，后者被普里西安称为"最伟大的语法权威"。普里西安的写作风格遵循希腊语的"词语–词形变化"模式，对派生词层面下的任何要素都没有给予重视。例如，同所有西方先贤一样，他把希腊语单词"domus"（住所）看成语言的初级单位，始终没有意识到

"dom"和"us"本身都是语素，是最小的意义单位，而字母"d"是一个音位，与拉丁语单词"tomus"（削、凿）中的字母 t形成对比。普里西安对古典拉丁语进行了极为全面的描述，其成果直至今日仍是拉丁语的教学基础。《语法教程》是中世纪修道院的缮写室里抄写得最多的语法书，为中世纪的语言学家提供了舞台。

阿拉伯世界

近东、北非和西班牙的伊斯兰文化颇为复杂，故中世纪时期许多重要的语言学研究在此诞生。[12] 这些语言学研究著作的作者中有一些实际上是西班牙犹太人，例如伊本·巴鲁恩（Ibn Barun），他编纂了一本关于阿拉伯语和希伯来语的比较专著。但是，大多数作家是穆斯林，其语言学研究集中在《古兰经》上。自 7 世纪起，《古兰经》就被看作先知穆罕默德用阿拉伯语传达的真主话语，即使信仰伊斯兰教，非阿拉伯语使用者也不得擅自翻译。阿拉伯语教学的要求遍及伊斯兰世界的广阔地域，这就需要在数百年间建立几百所阿拉伯语学校，这些学校随后详细制定出阿拉伯语的阅读、写作和发音的规则。

一些研究《古兰经》的学派强调，阿拉伯语象征着自然，起源于自然，丰富多样，涵盖诸多语言，这种观点同古典希腊语言学的自然派颇为类似。那时，在伊拉克南部的巴士拉也存在其他一些学派，受亚里士多德的直接影响，他们对语言传统的随意性和系统规律性有了一定认识。[13] 然而，阿拉伯世界发展出了独特的语言学研究方法，因此避免了像拉丁语语法学家那样大规模采用希腊语语法原型的做法。

巴士拉的波斯人希伯维（Sibawaih）在其著于 8 世纪的语法著作《读本》中整合了所有阿拉伯语的教学内容。希伯维在之前坚实的语言学研究基础上自成一家，定义了我们今天所熟知的古典阿拉伯语。他对发声进行了语音和结构上的描述，广泛使用精确的术语，甚至让人怀疑这是受印度人的启发，但事实并非如此。《读本》一书描述准确，无疑优于希腊和罗马人曾经取得的成就。

阿拉伯语言学在此之后再也没有取得这样的成就。

中国

据传早在春秋战国时期，中国人就已编纂了字书，但中国人专注于语言分析，重点关注如何通过表音字符最忠实地再现口语。[14]489 年，熟悉字母文字的佛教僧侣将汉语声调首次系统地归为音节发声的组成部分。在 11 世纪，汉语韵书令语音分析更上一层楼，它将声母纵向排列，韵母横向排列，强调了汉语中所有潜在的韵头、韵腹和声调特征，然而受自然音位结构限制，这些特征并没有出现在口语中。根据发音和其他特点来对声韵表中的声母进行周密排序，这种做法显然受到了梵语语言学家的影响。

这种拟韵，即与韵律或诗律系统研究相关的语音分析方式适合汉语文字类型，自 5 世纪直到现代都是汉语语言学研究的基础。中国学者最初研究的是中国古典文学，这一语音分析后来又与北京官话和其他汉语言联系起来。值得注意的是 17 世纪游历中国的方言学家潘耒的著作，他描述了许多自己接触过的语言和方言。

19 世纪后期，汉语语言学的主题之一是如何用西方字母来最有效地表现汉字的发音。

拉丁中世纪

拉丁中世纪是一个使用起来虽然方便，但从历史角度而言可能具有误导性的名称，指的是欧洲大约 600 年到 1500 年的时期，这一时期语言学研究的主要特征是以教会为基础，维持教育层面的定位。罗马帝国土崩瓦解之后，口头和书面拉丁语作为西方国家的教育用语留存了下来，不论这些西方国家的本土语言为何，语言学习指的就是学习古典拉丁语法，在中世纪早期尤其如此。[15] 当时，教育所包含的"人文七艺"中，至少有三种与拉丁语言学习直接相关，即语法、辩论或辩术（逻辑）以及修辞学。事实上，纵览整个中世纪，拉丁语法都被看作七艺当中最重要的一科，是正规教育的真正基础。当然，人文七艺都从属于神学。

彼时的拉丁语语法研究依旧重复普里西安和特拉克斯两大权威的观点，并没有产生任何重要的改变。[16] 当抄写《圣经》和拉丁语教学占领了修道院时，具有语言学意识的修道士同时开始评注语源学理论，撰写相关书籍并编纂辞典。其中最著名的是西班牙塞维利亚的伊西多尔，他在 7 世纪初期写下了《语源》一书，该书堪称中世纪的"大英百科全书"。很早就有人尝试写作独立的拉丁语语法和会话书籍，如 8 世纪诺森伯兰的比德（Bede）和阿尔昆（Alcuin，也译"阿尔琴"）。爱尔兰人是最早将拉丁语法原则应用于当地方言的族群之一，开创了一种在爱尔兰兴盛了几个世纪的传统。[17]

在大约开始于 1100 年的经院哲学时期，语言学研究仍然包含教义教学，而随着欧洲首批大学、哥特式建筑和宫廷文学的出现，亚历山大·德·维莱迪厄（Alexandre de Villedieu）的拉丁语手册《教理》脱颖而出。此外，威尔士语和爱尔兰语语法诞生。到了 12 世纪，还有一位不知名的冰岛作家写了《第一部语法专著》，被称作"第一位语法学家"，在倡导拼写改革以便更好地书写、再现冰岛语时，他还将少有人涉足的语音学和音系学分析包括在内。事实上，"第一位语法学家"确定了音位学，即语言内部音位系统的潜在原则。这个冰岛人的作品是中世纪最好的语言学专著，但在 20 世纪之前都无人问津。

在中世纪，语言学研究一脉相承，并未创新，以思辨语法为代表的相关著述《论表意的方式》（*De Modis Significandi*）于大约 1200 年到 1350 年由多位作者写就，他们大体上都拥有相同的理论观点和语言学概念。[18] 这些中世纪语法学家将普里西安和特拉克斯对拉丁语法的描述融入经院哲学，即将亚里士多德哲学融入天主教神学之中。他们表示，对拉丁语进行简单描述是远远不够的，需要对其元素和分类赋予更深层次的理论和更充分的论证。彼时哲学被加进语法之中，结果不是语法学家，而是哲学家在仔细思考事物的独特本性，并且发现了语法。

从这种理论风气中产生了一个新观念，即有一种"通用语法"支撑所有的语言，从那时起，理论语言学家一直在寻找它。英格兰的罗杰·培根（1214？—1294 年）是最早的思辨语法作家之一，他写道，语法就其本质而言，在所有语言中并无差别，只是在偶然的情况下会有所不同。语义学被特别用来定义一个词语的"意义"（significātiō）与其"关系替换"（suppositiō）之间的区别。

但是，中世纪语法学家的主要兴趣所在是语法本身，他们创造了一套复杂的术语用以解释一套完整连贯的哲学语法体系，为了给普里西安仅着眼于拉丁语的描述性分析提供一种解释维度，他们反而在很大程度上背离了普里西安。例如，在他们构建的句法体系中，对特定类别词语所做的功能解析更为透彻，并采用了更为恰当的释义。中世纪语法学家同样就句子结构和句法分析形成了一套全面连贯的理论，相较普里西安的屈折词观点，该理论的结构水平更有深度。在语言学理论方面，他们相信人类思维对所有语言都有着同样的抽象思考和交流过程，但这一理论不适用于非印欧语系的语言。尽管与今天的正式语法相去甚远，但中世纪语法学家的思辨语法却代表了联结古代和现代的一座桥梁。

19 世纪之前

古典时期的作者们收集材料并描述希腊语和拉丁语，中世纪的语法学家则思考了拉丁语的用法。而在中世纪之后，欧洲的学者们研究了其他非欧洲语言，并且阅读了非欧裔语言学家们的著作。希腊语和拉丁语在语言学研究中不再占有首要地位，语言本身成了研究的对象。当然，欧洲学者早在中世纪就对阿拉伯语和在基督教中至关重要的希伯来语有所研究。文艺复兴时期，希伯来语成了语言学的主要研究对象。德国人约翰内斯·罗伊希林（Johannes Reuchlin）写于 1506 年的著作《希伯来语基础》为欧洲语言学家阐明了希伯来语与众不同的词类体系，即希伯来语中的名词和动词为可变格单词，而小品词为不可变格单词。这个时期也出现了其他语言的语法著作，涉及 15 世纪的意大利语和西班牙语，16 世纪的法语、波兰语和古教会斯拉夫语。与此同时，首批辞典印刷出版，《圣经》也被翻译成地方语言，《圣经》原文所用的希伯来文和希腊文也被拿来与各地语言进行比较。随着民族文学的兴起，发音和拼写也逐渐走向标准化。

新的地方语言语法着力于发展拼写法，以图在尚未统一成国家的各民族之间实现最大程度的理解，尤其是在意大利语、普罗旺斯语、法语、加泰罗尼亚语、西班牙语和葡萄牙语这些相关的罗曼语族语言之间。现在人们认为这些语言并不是对古典拉丁语的简单的讹传，而是在系统描述方式上有所不同的自主语言。地方语言完全摆脱了拉丁语的束缚，其优点亦得到研究，作为独立语言，它们的语法同样值得学者们去研究、思考。

现代结构主义的先驱是法国人皮埃尔·拉梅（Pierre Ramée，1515—1572 年），其《雄辩术》是第一本用法语写就的哲学著作，主张"亚里士多德所言皆为错"。皮埃尔也著有希腊语、拉丁语和法语语法书，并且在《语法学术》一书中对语法加以理论化。他认为，古代语言应坚持古典用法，而现代语言应坚持已观察到的用法，这偏离了之前的语言学导向。但正是通过这种方式，皮埃尔的语法描述和分类凸显了已观察到的词语形式，而不是古典理念之间的关系。

关于秘鲁盖丘亚语（1560年）、巴斯克语（1587年）、巴西瓜拉尼语（1639年）以及其他语言的语法书籍相继问世，汉语的相关书籍也位列其中。人们很快意识到，世界上的语言实际上与希腊语和拉丁语相去甚远。如今，古典语言被尊为古老典范，而不再是活生生的理念。地方语言开始取代中古拉丁语成为教育用语，这一漫长过程在一些欧洲国家直到19世纪才得以终结。客观来说，古典拉丁语现在既被置于神龛之上，亦得到客观描述。皮埃尔引入了新拉丁语字母"j"和"v"来代表准确的半元音发音，与拉丁语字母"i"和"u"的元音发音区分开来。印刷术的发展促进了大众读写能力的提升，而更高水平的读写能力则意味着人们的常识和认知水平突飞猛进，这与20世纪的技术革命类似。各种学术团体进而形成，例如成立于1635年的法国法兰西学院以及成立于1662年的英国皇家学会，它们常常为语言学研究和相关事宜举办论坛，甚至是充当"监督者"的角色。[19]

从16世纪到18世纪，语言科学超越了单纯以语言为导向的问题，成了经验主义者和唯理主义者之间哲学辩论的工具，两方对语言各执己见。经验主义者否定中世纪的经院哲学，强调已观察到的事实；唯理主义者并不相信感官所感知到的东西，更相信人类理性的引证，这可能更接近传统。然而，两者都坚信哲学论证的基础在于数学和牛顿的学说，这段时期的所有语言学研究都受经验主义者和唯理主义者争论的影响。至此，人们开始郑重呼吁发明一种新的"通用语言"作为学术和贸易领域的国际交流媒介。

英国经验主义语言学的成果之一是第一次系统描述了英语语音学，并开始正式分析英语语法，以摆脱普里西安的拉丁语语法支配。英语语音学派的诞生为英语语音学和音位学研究的建立提供了必要条件。尽管大多数英语语法学家仍然未跳出普里西安的拉丁词语分类，但也有例外存在，仍然有一些人在直接观察英语的实际用法后敢于摒弃传统。威廉·霍尔德（William Holder）的《演讲要素》（1669 年）探讨了如何识别清辅音和浊辅音的发声差异（如"b/p""d/t""g/k"等等），这一点超越了他之前的所有西方学者。

唯理论的理性主义运动催生了哲学语法，1637 年到 1661 年法国波尔-罗亚尔学派（也译"波尔·罗雅尔学派""王港学派"）的唯理论者的活动是这一观点的灵感来源，其影响力一直持续到 18 世纪。由于波尔-罗亚尔学派不信任异教徒古典主义的制度，其中的唯理论者便通过提出一种"通用语法"延长中世纪的经院哲学语法的"寿命"。然而，这种"通用语法"是一种用本地语言来表示的普遍语法理论，而不是拉丁语模式或理念。波尔-罗亚尔学派语法学家意图在人类思想交流过程中找寻所有语法的内在一致性。他们尝试通过彻底重释 9 种经典词类的语义来实现这一目标，比如从结构上来说，副词可以仅被视为缩写的介词短语。这些语法学家甚至打算以希腊语、拉丁语、希伯来语和现代欧洲语言为基础，书写一部语法通论，他们相信这样的理论假设确实存在。

在 18 世纪，人们以更完善的哲学方法进行语言学研究，讨论语言的起源和发展。法国哲学家孔狄亚克（Condillac）和卢梭认为语言起源于通过手势和呼喊来模仿自然的行为，在那之后，抽象的语言和复杂的语法便从非常简单的声调发端而来。德国人约翰·戈特弗里德·赫尔德（Johann Gottfried Herder）认为，人类语言与人类思想一起经历了连续的发展和成熟阶段，彼此相互依赖。他认为首先是听觉促进了语言的发展，其他的感官后来贡献了它们的作用，随着语言成熟，逐渐形成了简单的词汇。英国人詹姆斯·哈里斯（James Harris）是亚里士多德哲学的信徒，他认同赫尔德关于个人语言习性的观点，在名词和动词的两种普遍原则的基础上发展出了一种语言学理论。哈里斯认为自人类会说话以来，这种理论就是所有语法的基础。

爱丁堡的蒙博多勋爵詹姆斯·伯尼特（James Burnett）的六卷本《论语言的起源和发展》同样提出了语言历史发展的观点，

将人类社会看成语言创造的前提条件，并认为现代"原始"语言揭示了人类的"一种原始语言"的特点，例如人们发现希腊语、拉丁语和希伯来语缺少抽象词汇以及语法组织。如今，人们认为没有哪种语言比其他语言更加"原始"，每一种语言都能够满足当下的需要。这并不是许多人宣称的"语言自大"，而是一种语言探索，在真正的语言科学发展的漫长过程中，它正处于抵达最伟大突破的前夕。

到了 18 世纪末，由于大量新资料涌入，语言学家们采取了一种更具历史性而非理论性或哲学性的语言学研究方法，以期对迄今为止未知的语言进行类型比较。接触梵语文本、参考梵语语言学的丰富传统令西方语言学研究迎来变革。1786 年是一个标志性年份，当年，42 岁的英国法官威廉·琼斯（William Jones）爵士就职于东印度公司，他向位于加尔各答的皇家亚洲学会宣读了一篇现在看来颇具传奇色彩的研究报告，该报告确认了梵语与希腊语、拉丁语、哥特语、凯尔特语以及古波斯语之间的亲缘关系。

这个概念本身并不新颖，但是琼斯首次引入了两个新观点：第一，语言之间可能具有历史上的联系，即具有某种共同的来源，而非彼此催生的产物，就像梵语、希腊语以及拉丁语一样；第二，存在许多"祖语"，语言学家们今天称其为原始语言。琼斯的学术研究不仅开创了历史语言学研究的先河，同时也让西方学者了解到有着 2 500 多年历史的梵语语言学传统。梵语语言学传统和西方语言学传统融合的结果是在 19 世纪上半叶建立起了现代语言科学。

19 世纪

在 19 世纪初，一门真正的语言科学开始出现。19 世纪是比较语言学和历史语言学的时代，语言学家们寻找语言的异同及其历史上的关系，并通过发展科学词汇和工具来进行研究探索。这个世纪的语言学研究以研究印欧语系的历史为主线，并为研究其他语系树立了标准。在建立一门新的语言科学上，德语学者当居首功，同一时期，德意志国家、奥匈帝国和瑞士在自然科学、数学、物理、医学、天文、历史以及其他学科方面亦贡献卓著。

早在 12 世纪，冰岛的"第一位语法学家"就注意到了冰岛语和英语在词形上的相似之处。14 世纪初，意大利的但丁在其《论俗语》一书中描述了方言现象和语言差异，那是由于时代变迁和单一原始语言使用者地域分布存在差异造成的。在但丁看来，希伯来语是地球上出现的第一种语言，是上帝在伊甸园中给予亚当的礼物。如《圣经·创世记》中所述，所有的语言差异都源自巴别塔被毁坏，类似的对语言历史的叙述一直延续到

19 世纪末，从没有人敢质疑《圣经》的权威之言。

许多学者都曾呼吁为世界上的语言编写语法和辞典，以此为语言归纳提供丰富的信息储备，德国的戈特弗里德·威尔海姆·莱布尼茨（1646—1716 年）就是其中之一。尤其是在 18 世纪，学者们编纂了包括主祷文在内的词表，并对语言开展研究。德国人彼得·西蒙·帕拉斯（Peter Simon Pallas）的四卷本《全球语言比较词汇》（圣彼得堡，1786—1789 年）共收集了 200 种语言的词汇，令这场疯狂的词汇收集活动达到最高潮。德国人 C. J. 克劳斯（C. J. Kraus）在 1787 年对这套书第一卷加以评论，他以一种非古典、不遵循《圣经》的现代视角，对比较语言学和历史语言学首次进行了科学探讨。

1808 年，弗里德里希·施莱格尔（Friedrich Schlegel）出版了一本关于梵语的专著，他积极主张通过研究语言的内在结构，即形态学或系统构词来揭示语言之间的起源关系。在其开创性的著作中，施莱格尔创造了"比较语法"这一术语，将比较语言学和历史语言学涵盖在内。

丹麦人拉斯穆斯·拉斯克（Rasmus Rask，1787—1832 年）和德国人雅各布·格里姆（Jacob Grimm，1785—1863 年，"格林兄弟"之一）开创了印欧语系的比较和历史研究。拉斯克是系统比较几种印欧语言的词形并建立词源关系模型的第一人。1818 年，拉斯克指出："如果两种语言在不可或缺的词语形式上具有极高的一致性，以至于字母的变化规则可以由一种语言传递给另一种语言，那么这两种语言之间就存在着一种基本联系。"

格里姆熟悉拉斯克的研究，他在著于 1822 年的《德语语法》一书中描述了后来人们所说的"格里姆定律"。他发现从早期印欧语到日耳曼语的塞音（和擦音）的演变规律，而其他语言的语音体系则没有显示相同的变化。拉斯克在 4 年前就已经构想和阐述了这一理论，提供了第一个也是最重要的"语音法则"，并最终精练阐述了其对印欧语系和其他语系的认识。格里姆本人并没有在这里发掘出语言规律，仅阐述一种声音转换的普遍趋势。

其他学者当时也在进行着相似的工作，并在这一过程中创造了一门新的科学。弗朗兹·葆朴（Franz Bopp，1791—1867年）从 1812 年开始一直在研究梵语，并在 4 年后出版了第一本关于比较梵语、希腊语、拉丁语和日耳曼语族动词形式的研究专著，旨在追溯屈折变化的发展。葆朴对这一领域的主要贡献是出版于 1833—1852 年的《比较语法》，在这套书中，葆朴对所有的屈折变化进行系统研究，以期追溯其发展。继拉斯科之后，葆朴同样研究了各个语言之间的声音对应关系，并最终将立陶宛语、亚美尼亚语、阿尔巴尼亚语、斯拉夫语和凯尔特语纳入印欧语系。在今天，葆朴被视为"印欧语系的历史比较研究之父"以及现代语言科学的真正创始人。

19 世纪最具独创性的语言学思想家之一是威廉·冯·洪堡（1767—1835 年），他是作家、历史学家，也是普鲁士最重要的政治家之一。他一生中出版了大量关于语言的著作，在其语言学理论中强调了人类与生俱来的语言能力。洪堡认为创造词语和语法的是人类的思维，而非希腊和拉丁哲学家所说的外在现象。地球上的每一种语言都是使用者匠心独运的产物，语言的内部语言形式，即语言的内在结构赋予语言形式和规则，其中一些是某种语言独有的，而另一些是全人类共有的，那就是语言共性。每一种语言都是过往诸语言的映射，语言中的每一个词都以在语义和语法框架内保持整体性为前提。语言间的差异不仅体现在发音方面，也同样体现在完整的世界观方面，即对世界抱有不同的态度和理解。

洪堡是 19 世纪最伟大的理论语言学家，尤其对 20 世纪初德裔美国语言学家和 20 世纪中叶的欧洲语言学家产生了巨大的影响。在 21 世纪初，洪堡提出的"内部语言形式"为普遍语言学理论提供了一个框架，由此解释不同的民族群体如何通过语言栖居在不同的精神现实中，并接受不同的思想体系。他对语言学理论最为直接的贡献或许是将单词作为最主要的语法单位，在此基础上，他将语言分类成孤立语（汉语）、黏着语（土耳其语）和屈折语（梵语）。

其他学者也在迅速地推进语言科学的发展。奥古斯特·施莱歇尔（August Schleicher，1821—1868 年）在对原始印欧语言进行构拟和语法描述的过程中将一种生物学方法引入语言学研究之中。施莱歇尔最著名的理论是他的"谱系树模型"，或称"系谱树形模型"，他将现存的衍生语言归在一起，基于共同特征分类成日耳曼、斯拉夫、凯尔特-意大利等语言支系，然后将这些支系追溯至他试图拼凑在一起进行构拟的印欧母语。谱系树模型存在缺陷，实际上很多语言之间并没有分裂或分支，只有极少数语系才适合这个模型，如印欧语系、波利尼西亚语系和闪族语系。尽管如此，谱系树模型被证明是历史语言学中最为重要的理论工具之一，很好地呼应了在 19 世纪末支配自然科学的达尔文主义方法。

19 世纪最后 25 年间的语言科学以最初具有争议的青年语法学派（Junggrammatiker）或称新语法学派为特征。在赫尔曼·奥斯特霍夫（Hermann Osthoff，1847—1909 年）和弗里德里希·卡尔·勃鲁格曼（Friedrich Karl Brugmann，1849—1919 年）的指导下，新理论诞生于德国莱比锡。新理论认为，所有的语音变化就像机械过程一样依据定律发生，在相同方言中，这一定律不允许有例外存在，相同读音在同等环境下发展的方式无异。鉴于学界普遍认为印欧语系各语言之间一系列正式联系的背后存在秩序，产生这种观点也不足为奇。整个比较语言学和历史语言学科学似乎都建立在人类语言的语音会随时间变化这一共识上，正如新语法学派所认为的，如果语音变化没有规律性，那么随机变化就成了规则，遂不可能有真正的语言科学。

新语法学派将语言学研究转变成一门科学，其研究方法和那些新兴的自然科学如出一辙。为了聚焦于语言材料和支配的规律，学派摒弃了对语言本身的思考。许多更富价值的语言概念研究在这种新的语言机械化过程中并不受欢迎，连洪堡的理论都黯淡失色。新语法学派战胜了所有与之相争的理论学家以及一众杰出的语言学家，如德尔勃吕克（Delbrück）、保罗（Paul）、迈耶-吕卜克（Meyer-Lübke）、赖特（Wright）、梅耶（Meillet）、弗朗兹·博厄斯（Franz Boas）、爱德华·萨丕尔（Edward Sapir）和布龙菲尔德等人，而这些人进一步发展了新语法学派提出的原则和方法，或是接受了新语法学派的训练。

对新语法学派也有很多合理的批评，方言学家尤甚，他们发现语言在局部、非泛化的使用层次上具有很大的不规律性。法国著名方言学家朱尔斯·吉耶龙（Jules Gilliéron，1854—1926年）甚至认为每个单词都有其自身的历史，从某种角度来看，这是完全正确的，但每个词都属于一个更大的体系，而更大的体系本身才是新语法学派要研究的对象。20世纪的语言科学大体上可以被看作对新语法学派学说的修正，而非取代。

20 世纪

20 世纪的语言学预示着新语法学派原则和方法的扩展，融入了非印欧语和对新语法主义的回应，这些回应是从结构和共时语言学的实践中得出的，而不是比较和历时语言学实践。如果说中世纪强调了教育语言学，18 世纪强调了哲学语言学，19 世纪强调了历史语言学，那么到了 20 世纪中叶，则是描写语言学得以盛行。描写语言学是对某一特定时期语言结构的研究，通常排除了历史和比较材料。

20 世纪初的语言学延续了 19 世纪语言学领域的三大成就：传统语法、梵语学术，以及采用其他学科的原则和方法。20 世纪初最伟大的语言学家是瑞士人弗迪南·德·索绪尔（Ferdinand de Saussure，1857—1913 年），他在日内瓦的讲座改变了 20 世纪的语言学发展进程。[20] 索绪尔明确了历时性和共时性语言研究的区别，认为每一种研究都具有其自身的原则和方法。他进一步区分了语言（langue，说话者的语言能力）和言语（parole，说话者的实际表达），将语言（langue）视为研究的主要对象。索绪尔论证了在词汇、语法和语音元素相互关联的系统中，语言是可以做同步处理的，他表示语言就像棋盘上的棋子。这种语言结构研究方法标志着结构语言学的诞生。

索绪尔对音位学产生了最为直接的影响，他的结构主义方法与最新的语音学思想不谋而合。语音学指的是对口语声音进行研究和系统分类，英国人亨利·斯威特（Henry Sweet，1845—1912 年）早在 1877 年就定义了音位的概念，音位差异在一组英语单词"bin/pin"（箱子 / 大头针）的比较中尤为明显。波兰人博杜恩·德·库尔特内（Baudouin de Courtenay）在 1894 年出版的一本著作中对音位现象给予了确切命名，将简单发音（随意声音）和音位（重要发音）区分开来。而直到第一次世界大战末，索绪尔的讲稿获得了国际认可后，音位的概念及"音位"这个词本身才成为语言学规范的一部分。

在 20 世纪 20 年代到 30 年代，布拉格语言学会进一步发展了音位理论。[21] 他们把"音位"看成语言（langue）及语言内部相关成分的附属，将其视为一个复杂的语音单位。他们认为每一个音位都包含了许多独立而与众不同的特征，总结这些特征可知，音位是一个自主的语言元素。在研究过程中，每一个特征都会与无特征情况进行对比，或者至少拿来和另一个音位中的不同特征进行比较。整个语音系统便可以根据音位的对比特征来分类，比如，通过这种方法，威尔士语中的"p/b""ff/f""th/dd""ll/l""c/g"对比便可体现清、浊音的差异。由于受其他音素或各种外部现象影响，这些差异对比体现在不同单词位置的紧缩、扩张甚至消失现象中，甚至，重音、长度、音高、音调和连接词，即在所谓的"超音段特征"

中也可见一些特点，它比正常辅元音段具有更重要的意义。由于布拉格语言学会的努力，音位在语言学理论中发挥了主导作用，今天对世界上所有语言进行描述和分析的过程中都少不了它的身影。

当欧洲继续大步推进共时性研究时，美国从 20 世纪 20 年代开始在描写语言学领域飞跃式发展，并最终在 20 世纪中叶主导了语言科学。[22] 有三位以美国为大本营的语言学家成就不凡，他们分别是德国人弗朗兹·博厄斯（1858—1942 年）、德国人爱德华·萨丕尔（1884—1939 年）和出生在芝加哥的莱纳德·布龙菲尔德（1887—1949 年）。博厄斯和萨丕尔都深受自身德国背景及时代的影响，他们的作品中也可见与洪堡语言理论的共鸣。但美国的影响不容忽视，彼时人类学在美国单独构成了语言学研究的一个基础部分，在这段时期，美国和加拿大的本土语言得到了科学研究。博厄斯编辑并与人合著了《美国印第安语言手册》，在这本书中，他使用了描写性语言技巧来处理从未用正式的科学术语描述过的语言。一代又一代的田野语言学家都是依靠结合了博厄斯理论和技巧的研究方法来研究尚未被描述的语言的。遵循德国的模型，博厄斯在美国科学走向专业化期间，重塑了美国人类学进程。

萨丕尔是博厄斯的学生，他通过一种广泛的视角来研究语言，观察人类的各种活动方式如何渗透到言语的各个方面。

他对语言类型学尤其感兴趣，即在孤立语、黏着语、屈折语等语言类型的基础上对语言进行分析。在他看来，可以通过确定各种语言的一般语法和词态特征来构造一种有效的类型学，这与和萨丕尔同时代的人对语义学和心理学的看法相反。萨丕尔的《语言论》（1921 年）一书一直是对类型学分类的最佳概括。[23]

布龙菲尔德的语言学研究方法十分严谨，他以形式分析为基础，受到美国实证主义行为心理学家的高度制约，这也折射出他那个时代的科学兴趣。[24]他的《语言论》于 1933 年在美国首次出版，此书不仅成为之后 20 年里语言学的最佳导论，而且是语言学科的主要大学教材，影响了学科进程。[25]在"布龙菲尔德时代"，大多数美国语言学家通过客观、可描述的行动和观念将研究聚焦于形式分析方面。当时，音位和语素占据了语言学中心地位，学者们用直接成分分析法将句子结构进行"图解"；在体现规模递增和复杂性构想的树形结构图中，语素被连接起来。而"语句模型"也应运而生，它是一种语言学分布模型，较少关注句法和词法。

美国人肯尼思·L. 派克（Kenneth L. Pike）和同事基于直接成分进行分析，主要以中美洲和南美洲的语言为例，创造了序位分析体系，他们将"序位"作为基本的语法单位或是结构"插槽"，即在句子中可以放置某种类型语法项的地方。像布龙菲尔德语言学那样，句子不再是直接成分的连续，而是由并行要素组成的字符串，人们从而得以更加精确地分析句法。

第二次世界大战后，因语言学研究各个方面均较为复杂，语言科学开始分裂成各种半独立的子领域，包括句法学、音位学、语音学、语义学、符号学、方言学、历史语言学、词典学及其他领域。语言学的研究范围也扩大到使用语言的民族、社会和心理等领域，民族语言学、社会语言学和心理语言学等重要学科应运而生。

语言学家、语言学课程和语言学理论的数量在 20 世纪下半叶迅速增长。值得注意的是，这 50 年间语言学的相关研究著作比之前 2 500 年里的都多。从这些堆积如山的材料中，我们提炼出了语言学研究的大规模实质性进展。此外，一些全新的动态指明了新世纪语言科学可能的发展方向。[26]

在 20 世纪 40 年代到 50 年代的英国，专注于语音体系研究的约翰·鲁伯特·弗斯（J. R. Firth）提出了他的韵律分析理论，即所谓的语境理论。该理论认为，语言成分只有在实际使用的语境与它们的各种功能相关时才具有意义。所有的语言形式都包括三个不同层次的抽象集合，分别是词汇、语法和语音。在句法结构和词形变化系统层面上，这三个层次上的元素彼此相关。在这里，音位学成了联结语法和话语的纽带。[27]

罗曼·雅柯布逊（Roman Jakobson）提出了实际言语传输中

的"区别成分分析"理论，他原本是布拉格语言学会的一员，二战后，他站在听者的角度，由声学出发分析音位特征，将世界上语言的音位解构成多达 12 组二元对立组合，如"尖锐 / 低沉"、"松散 / 紧凑"等。这些组合是根据声波中不同频率的能量分布来界定的，由此便可在特征对比模型上构建一种语言的音位体系。[28]

俄国革命标志着该地区与西方传统语言学的决裂，尼古拉·Y. 马尔（Nikolai Y. Marr，1864—1934 年）另辟蹊径，主导了苏联语言学研究。他创造了自己的语言历史理论，甚至摒弃了印欧语系理论，反而选择了"手势是语言起源"的陈旧观念，为此，他搬出 19 世纪的类型学，将其作为语言演化阶段的指示。1950 年，约瑟夫·斯大林下令全面摒弃众所周知的马尔理论，从那时起，苏联语言学家开始专注于采纳西方语言学的原则和方法，在词典编纂学领域颇有成就。20 世纪 50 年代和 60 年代，词典编纂在语言科学中取得了与音位学和语法同等重要的地位。

20 世纪 40 年代和 50 年代，一些语言学家重新阐释了新语法学派关于发音规则和变化的观点，将音位学理论纳入其中。他们将历史语言变化视为一个系统变化，而非自主发音变化，如日耳曼语的第一次语音演变就是个例子。这种新解释表明说话者能在连续的发音交替中保持音位对立。抛开结果，究其原因，人们发现最重要的是在语言自身的语音体系内，每一种语言都力求在各个层面上保持对称，但人类的声道在解剖学上是不对称的，它始终呈失衡态，自然导致语音出现重复调整或变化。而为了实现有意义的交流，就要保持音位对立，因此语言不能被有意识地干预，而需要不断自行变化，以此来保持必要的音位对立。

在另一个研究领域，美国人西德尼·M. 兰姆（Sidney M. Lamb）提出了层次语法，他在语言结构中假设了四种依次递降的层次用以分析句子，这四种层次分别是义素层（最小的语言意义单位）、词位层、语素层和音位层，每一层次彼此关联。层次语法否定了布龙菲尔德的分布分析，它使人们可能遇到的各种类型的结构关系更加明显，还体现了不同分析层次上的结构彼此相关联的许多方式。[29]

1957 年，语言学传统出现了一次重大突破，这一年美国人诺姆·乔姆斯基所著的《语法结构》一书问世，其中提出了"转换生成语法"的概念。[30]生成语法本质上是将一组或多组给定的句子投射到数量更大，甚至无限多的句子集合上，这些句子集合构成了一个人所描述的语言，这一过程反映了人类语言的创造性。在接下来数年里，以美国语言学家为首的众多语言学家对转换生成语法理论的原则和方法进行了改进。转换生成语法试图通过将语言描述构建为"生成"无数语法句子的规则，定义母语使用者的语言能力。[31]

　　如乔姆斯基理解的那样，生成语法也一定要明确清晰，即必须精确指定语法规则及其执行条件，规则分为三类：短语结构规则（以"树形"结构进行描述，以名词／动词短语→冠词／名词短语→动词／名词短语等顺序进行排列），表层结构规则（重新排序、嵌入、添加、删减等特殊转换影响深层次结构的产物），语素音位规则（将前两组输出转换为实际的声音，即话语，或是声音的符号化表现，即书面语）。[32]

　　转换生成语法颠覆了布龙菲尔德式的描写语言学，它设计的规则显示和强调了语言本身的创造性，而不是描述一种语言的规则。乔姆斯基本人也承认，转换生成语法的理论先驱是拉丁语语法学家。洪堡和波尔-罗亚尔学派都曾提出过一些转换技巧，但转换生成语法能够提供生成无穷语言能力的框架，从而比那些语法技巧更进了一步。此外，乔姆斯基也认为语言学、心理学和哲学都并非独立的学科，而是共同构成了人类思想的一元体系，可以被理解成一个更大的整体。尽管随着时间的推移，乔姆斯基在语言学历史中的地位已经有所改变，但对于未来的语言学研究而言，他的方向一度被认为是唯一正确的方向，而现在仅是众多方向之一了。不过，转换生成语法仍然是 20 世纪下半叶出现的最重要的理论语言模型。[33]

　　传统语言学家仍然遵循，也将继续遵循布龙菲尔德、萨丕尔、博厄斯和其他语言学家所提出的模型。他们都是描写主义者，通常遵循基本语言学理论，即描写语言、语言变化以及辨别一般语言特性的基本概念。描写主义者反对以乔姆斯基学派为代表的形式主义者，前者主张"非基本理论"，他们试图创造全新的语言模型，这种语言模型不是基于已知的自然语言，而是基于理论上适用于所有语言的更深层次的语言共性。描写主义者坚称自己不可能与形式主义者达成一致，因为形式主义者的分析意味着让一种语言去顺应他们那不言自明的框架，但永远不可能有一个完整的语言理论。[34] 而形式主义者完全忽视了这个分歧，在他们看来，不必在这点小事上耗费口舌。许多新的形式主义理论涌现了出来，一些理论不断发展壮大，另一些则与转换生成语法相争。转换生成语法也可以极有效地应用于历史语言学，能够成功解释一些传统语言学迄今未有答案的语音现象，自 20 世纪 60 年代以来，许多著名的历史语言学家都已经证明了这一点。[35]

　　转换生成语法是 20 世纪下半叶主要的语言学理论主张，与此同时，基本语言理论也得以形式化，成为应用语言学领域的强大理论，与转换生成语法旗鼓相当。描写主义者可能会批评形式主义者的弊病，指出世界上的大多数语言都缺少良好的描述性语法。但是形式主义者对这个领域也做出了巨大贡献，尤其是在计算语言学相关领域（见下文）。

全新的研究方向出现了。乔姆斯基的老师齐里格·海里斯（Zellig Harris）早在 20 世纪 50 年代就率先提出了话语分析理论，他将文本中的两个或多个实际句子之间的转换称为转换关系，话语分析证明这种关系是将文本描述分析扩展到超越句子边界的有效手段。话语分析利用语言框架的概念，通过将文本置于明确的语境中来帮助阐释文本；用对话中的话轮转换和发言来确认言语结尾的体系，或是标识听众人数；用诸如"和""哦""好吧""但是"这样的话语标记来分离话语，并展现超出辞典定义的话语关系。话语行为分析也被用来研究话语所能达到的效果，例如恭维、服从、讨好或是间接宣称所有权，这是跨文化理解的一个重要方面。

计算语言学，又称自然语言处理，发源于 1946 年，当时人们首次用计算机进行机器翻译，将俄语转换成英语。[36] 从那时起，机器翻译领域就成了高度复杂且在商业上有利可图的学科，广泛运用于诸多不同系统。从本质上讲，计算语言学使用计算机来研究自然语言，而非 Java、C++、Fortran 等编程语言。语言学家将语言学和计算机科学资源整合在一起，使计算机成为帮助分析和处理自然语言的技术媒介，通过计算机类比，人们得以更好地理解人类语言的处理方式。利用计算机科学和相关学科的方法工具，语言学家可以构建和测试不同理论的计算模型，从而从应用算法（为解决重复发生的计算机问题而设置的程序规则）以及数据结构和编程语言中得出结论。

计算语言学有许多的分支，例如计算词典学、计算音位学、受控语言和约束逻辑编程。应用计算语言学主要研究机器翻译、文本信息读取和语音合成与识别。计算语言学可以帮助残疾人，即可以基于电话的信息系统、办公听写系统等进行言语理解和生成，这为残障人士提供了便利，具有巨大的商业潜力。更进一步，人们可以使用计算机创建、管理和显示文本，将人力成本降到最低，使效率最大化。目前，计算语言学最大的挑战是在超文本中呈现文本信息，以及摆脱对标准文本（线性文本）的需求。

如今，计算语言学成为一个主要研究领域，相关研究所及研究中心林立，研讨会如火如荼，还有世界各地的私营公司致力于该方面研究以及服务供应。这个学科正在飞速发展，成为目前最具活力、经济效益最高的语言科学分支。

语言研究历史悠久，传统丰富。印度的梵语学者们早在公元前1千纪上半叶就对语言的本质持有令人惊异的深刻见解；在2 000多年的时间里，希腊人和罗马人对自己的语言进行了严格整理分类，提出了"语法基柱"来支撑诸多结构，甚至把

"异族人"的语言结构包括在内；中世纪的思辨语法将普里西安的拉丁语变格和亚里士多德的哲学结合贯通；文艺复兴时期，人们发现了希伯来语和其他一些语言，意识到希腊语和拉丁语并不能解释所有已观察到的语言现象；18 世纪的语言学家编纂了词典并提出关于语言起源的问题，而这个问题最终在 19 世纪寻得答案，在这一过程中，语言科学建立了起来；到了 20 世纪，语言学领域出现了大量令人兴奋的新理论和新观念，从音位概念到计算机生成语言，一扇通向全新语言学可能性宇宙的窗口就此打开。

语言科学对人类知识的储备贡献良多，其他学科如今仅证实了语言学家之前的发现。例如，几十年前进行的语言学比较明确证实芬兰语属于来自亚洲北部的乌拉尔语系，而遗传学家目前发现芬兰人的祖先来自亚洲，因为在亚洲人中常见的 Y 染色体多态性（极其罕见的男性染色体突变）在芬兰人中也十分普遍。同样，语言学家早在几十年前就发现新西兰的毛利人是五六千年前来自亚洲（特别是台湾岛）的波利尼西亚人种。1998 年，世界媒体庆祝遗传学家发现了同样的事实，却丝毫没有提及语言科学早期的贡献。更引人注目的是，计算语言学现在似乎通过编程语言，以我们尚未完全理解的方式向人们展示一个有待探索的全新世界。

和作为研究对象的语言本身一样，语言学本身也在不断发展。这不仅是因为新观点不断涌现，也是因为社会在不断变化，人们的兴趣和重点都影响到了语言研究的过程。语言科学是人类自我实现的阶梯，现已成熟并具有了自身独特的活力，毫无疑问，它将继续加深人类对语言演化的认识和理解，并在未来的许多世纪里继续发挥似乎无限的潜力。

第七章

社会与语言

约 4 000 年前，苏美尔传奇英雄吉尔伽美什曾发豪言："我会将姓名刻在贤者碑上。"可见语言的主要社会用途之一是表明某人的地位，社会上的大小事件都通过语言反映出来。古埃及人早已意识到语言是思想之父，是建成社会大厦的地基和材料，这幢大厦的最终落成和后续改造也要通过语言来衡量。语言以复杂而微妙的方式为所有人类行为发声[1]，从国际关系到亲密交谊，各个层次的社会交往都通过语言来承载、实现和强化。

语言不仅表明了我们来自何处、支持什么以及属于哪个群体，而且也有技巧、有策略地赋予我们个人身份、男女性别或种族权利。语言通过社会秩序指引我们的人生旅程，向其他人展示我们想要什么以及打算如何实现。[2]纵观历史，人们在评判他人时，往往仅仅基于他们的民族语言、地方方言甚至是个人对个别措辞的选择，就有意无意地断定了他们在人类社会中的地位。从语言角度得出的判断塑造了整个人类历史。[3]

语言变化

所有现存的语言都在不断地变化。[4] 书面语的变化最为明显，英语读者阅读莎士比亚的作品时就会立刻意识到这一点。最不明显的是正在发生、正在进行的变化，比如，我们祖辈说的某个词语或某个发音可能听上去有点奇怪，老一辈人也会觉得年轻人的言语不合规矩。

有一个关于语言变化的时间跨度较大的案例。19 世纪末，使用"分离不定式"的社会阶层不断扩大，在英国变成了热门的话题。温斯顿·丘吉尔爵士在一篇政府公文的旁批中讥讽道："这种英语用法是我无法忍受的！"或许直觉告诉他，在近一个世纪之后，牛津英语词典会最终容忍这种分离不定式，毕竟几个世纪以来，这种用法深入人心，非常成功。

语言被应用于各个领域：仪式祭典、王室、专业领域、官方文书、军方、民间、熟人社交、私人写作。这些领域不仅彼此之间会相互竞争，还会与世界上所有语言的各代使用者在言语应用方面相争。然而，交流还在继续，语言不断繁荣。

就像每个说话者的个人生活一样，语言变化的原因多种多样、错综复杂，比如对外交往、双语能力、语言根基、书面语、一直寻求对称性的语音体系本身，以及其他一些原因。[5]在过去的约 200 年里，语言变化的一个主要原因是前所未有的城市化。在 1790 年，20 个美国人中只有 1 个人居住在城市；而到了 1990 年，40 个美国人中只有 1 个人居住在农场。第三世界正在经历相同的城市化改革，这不仅摧毁了很多语言，甚至还摧毁了整个语言族系。人类传统居住方式的转变带来了数不清的语言剧变，例如，标点符号引起的变革、方言的消失，甚至是语言替代。可见，在数千年的漫长语言平衡期内，区域扩散很有可能是语言变化的主要因素。

电话、收音机、电影和电视等新科学技术将全新的维度引入语言变化动力之中。这是人类历史上首次只用"听"而不用"看"语言，手势作为言语的原始元素在非视觉化的语言交流中近乎消失。尽管是在打电话，但意大利人仍然会挥手致意，日本人仍会弯腰鞠躬，我们也时常会微笑和皱眉，似乎通过电话交谈的人就在现场，手势对言语而言又是那么直接。20 世纪 30 年代美国演员、导演和作家奥森·威尔斯（Orson Welles）在谈到收音机时说："人们相信从这台机器里传出的所有声音。"与此同时，在德意志第三帝国，廉价发放的国民收音机在全国各地用柏林高地德语播报宣传公告，有效约束了大量的方言使用者，使其遵从中央政府指定的发音，此举可谓前所未有。纵观整个世界，收音机对口语的影响是巨大的，一个语言趋同过程就此拉开序幕，三代人之后可见成效。

在第二次世界大战之后，电视对方言的影响要大得多。大量的电视观众出现了方言趋同、污染和重叠的现象。彼时，电视或许是造成全世界语言趋同现象的唯一且最重要的原因。好莱坞的演播室在 20 世纪最后的 20 年间主导了国际电视节目，在那些不用本土语言配音，而是用英语原声播放这些节目的国家，标准美式英语的使用频率快速增长。例如，在 20 世纪 70 年代的新西兰，人们根本不知道"like"（像）、"sorta"（可以说是）、"kinda"（有一点）、"yaknow"（你知道的）、"and stuff"（等等）这样的美式口语；但是到 20 世纪 90 年代中期，出于经济原因，美国的电视节目几乎取代了英国和新西兰的电视节目，当地青少年的口语与美国和加拿大趋同，使用频率高到污染了新西兰人的母语。

在其他英语国家，这种现象也同样存在，有效地重新定义了国际标准英语，所谓"标准英语"如今正成为一种混合英式和美式习语的语言。那些颇受欢迎的电视节目或是引人注目的新闻广播使得新词汇，尤其是俚语单词和口头表达迅速进入标准语，这一事实举世公认。因此，面向小语种社群播放大都市语言节目可能造成社会性的灾难。例如，智利复活节岛上播放的智利电视节目使得父母还有能力用波利尼西亚语族中的传统的拉帕努伊语对孩子们说话，但孩子们却只能用西班牙语来回复，这一现象现在在全世界层出不穷。

在所有现代国家，社会日新月异，人们对词汇延伸和替代已经习以为常了。出于这个原因，人们无法想象因纽特语中有20个单词表示"雪"，爱尔兰盖尔语中有40个单词形容"绿色"，英语中关于"钱"的单词有226个……这些语言现象都由环境造成，或者也是一种心理语言学现象。社会语言学家更关注的是因社会科技进步、社会评价变化、社会发展成熟或是发生重大灾难而出现、消失或改变含义的词。

造成语言变化的社会动因一般有以下几种：迄今为止未知的物品出现、因地势条件迁移到新的地区、像计算机这样的新技术发明诞生。大约在4 500年前，早期希腊人遇到了比他们更早在爱琴海地区定居的人，从后者那里学到了许多闻所未闻的事物名称，例如"plínthos"（砖、瓦）、"mégaron"（一种大厅样式）、"símblos"（圆顶蜂巢）、"kypárissos/kypárittos"（柏树），甚至是"thálassa/thálatta"（大海），这些词语很快就融入了希腊语。大约在2 000年前，布立吞凯尔特人受罗马人语言中"strata"（街道）、"ecclesia"（教堂）和"fenestra"（窗户）等词的影响，借用了这些未知的概念，这便是今天威尔士人为什么会说"stryd""eglwys""ffenest"这些词的原因。世界上的许多语言刚发生大规模的词汇扩展现象，例如，因为个人计算机的出现，"下载""上网""互联网""电子表格""数据库""调制解调器"以及其他许多 30 年前并不存在的单词如今都出现在日常口语中。借用新单词和扩展旧单词的使用范围都是语言发生变化的过程，自发音清晰的言语出现以来，这种变化就不断丰富充实着人类社会。

词汇也会因社会评价变化而改变，一定程度上反映了社会痛苦而缓慢的走向成熟的过程。"战争"曾经是一个表示荣誉的词语，现在却引起人们的普遍反感。"nigger"（黑鬼）一词对黑人而言是一个忌讳，相比简单的人种名称，这个词被注入了更多感情色彩；意思与"nigger"相同的单词"kaffir"目前也从南非词汇中被清除出去了。已经或几乎已经从英语中消失的单词还有"fairy"（对男同性恋者的蔑称）、"queer"（酷儿，一般指同性恋者，尤指男性）、"cohabitation"（同居）、"concubine"（情妇）以及其他一些 20 世纪 60 年代到 70 年代"性革命"的受害者称谓，性革命之后，这些词不仅毫无意义，而且令人反感。20 世纪 70 年代以来，"divorcée"（离婚人士）、"spinster"（老处女）和"unwed mother"（未婚母亲）这类单词都消失了，它们见证了女性社会角色的改变。21 世纪初，由于人类个体意识不断增长，变得更加敏感，许多古老的通用术语（总称），即与某一整体或种类相关，或具有类型特征的词语也都在语义上得到了重新阐释。例如，"animal"一词目前经历了语义上的重新诠释，含义从过去的"野兽"变成了今天的"（动物的）同类生物"（fellow creature），这类语义变化很大程度上反映了人类生存环境的改变。

社会语言学家也注意到了一些负面的变化。"音乐""文学""艺术""剧院"这些词正在失去它们的传统定义，因承载它们的外在形式发生了变化，这些单词正湮灭于无意义中。或许更令人担忧的是，由于社会转型而没有能够保持原有的习俗和信仰，"家庭""婚姻""荣誉"，甚至是"上帝"等词都成为模糊不清的概念。[6] 单就"partner"一词来说，在古英语中它表示"丈夫、妻子、配偶或未婚夫 / 未婚妻"，而现在则通过对古义的替换扩展了其语义范围，指代"朋友、生意伙伴或比赛中的同伴"。但是，"孩童""母亲""乱伦"等基本词语的含义仍保持不变，而"父亲"一词的含义还有待商榷。

从这些词语变化中也可以看出社会对语言的重新创造，上述所有词语的语义变化都发生在笔者有生之年，即在 20 世纪下半叶发生了改变，这些改变都经历了艰难的社会重构过程，且仍未结束。一个人年纪越大，就越需要摒弃旧有的词语用法，重新定义古老的概念。这对于很多人来说即便可能，也是一件十分困难的事情。

细微的语义变化反映了人类为了改变而改变的倾向，换言之，创新不是出于其他的目的，而只是为了创新本身的新颖性。

那些非常标准的单词会经常被替换或是增加新的含义，仅仅是为了给言语添加别样的风味，就像是用百里香来给汤增味一样。这些词语大多是潮流的一部分，几乎很快就会再度消失，在年轻人中间更是如此。有一个语义极其容易改变、需要经常补充意义的单词，那就是"excellent"，这个单词有几十种来去匆匆的同义词，例如 20 世纪 90 年代的"awesome"（极好的）、60 年代的"groovy"（出色）和 40 年代的"hep"（消息灵通），还有莎士比亚时代的"absolute"（绝对的，无疑的，十足的）以及乔叟惯用的"ful faire"（非常公平）。其他一些单词也作为一时的流行词进入词汇表，然后保留了下来，例如：在 18 世纪，英语中"acute"（敏锐的）这个词变成了俚语"cute"，意思是"聪明的、敏锐的、可爱的"，在美国则变成了"有魅力的、漂亮的"意思；而"cuteness"这个表示"漂亮、娇小可爱"之意的单词则是后来被重新定义的派生词。

俚语代表了一种非正式且非标准化的词汇和表达方式，目的是创造性地驾驭语言。作为艺术表达不可或缺的一部分，乔叟、莎士比亚、德莱顿（Dryden）和蒲柏（Pope）都在作品中使用俚语，直到 18 世纪，英语中的俚语才被视为负面的东西。[7] 从 18 世纪到 20 世纪末，人们努力追求英语的规范用法，一直避免使用俚语，这是通识教育运动中折射出的规范语言的理想化范式。现在，英语使用者在使用俚语方面越来越像莎士比亚时期的人。甚至，俚语在社会地位较高，尤其是在说美式英语的人群中得到了认可和接受，例如一位白宫新闻秘书称卫星发射"awesomely cool"（酷毙了），这是美国快速、创新、商业化和多民族语言使用的典型例子。[8]与之形成鲜明对比的是，德国和法国人绝不容忍俚语出现在较高的社会阶层，两种语言中的俚语被严格限制在较低的社会阶层中。[9]举个极端例子，倘若古代的塔希提人在祈祷时使用了俚语，立刻会遭到当头棒喝。

通用语、接触语和人工语言

人们可能会认为，早期的直立人部落曾努力建立某种共同语言，即通用语，以促进相互理解和贸易。纵观历史，通用语通常是沿着贸易路线而演化的。如果在这样的贸易路线地区使用一种主导语言，那么这种主导语言就会变成所谓的中介语。这种中介或称"共通语"是一种简化的方言，通过这种语言，讲两种或两种以上完全不同方言的人就能彼此进行交流。他们各自语言中共有的特征被保留了下来，而非共同特征则会被忽略。

最早有记载的中介语之一是希腊化时期（公元前323—公元前27年）的通用方言"希腊共通语"，这种语言基本上是雅典地区的阿提卡方言，受其他方言，特别是爱奥尼亚语的影响改变了自身的语音体系、形态、句法和词汇，并且通过贸易和殖民迅速传播开来。希腊共通语也成了希腊文学中使用的标准语言，在如《圣经·新约全书》等翻译成希腊文的外国作品中更是如此。从公元前 1 世纪中叶开始，学者们努力想要复兴一种纯粹的雅典文学语言，对这种低级粗俗的通用语颇为反感。然而直到公元初的几个世纪，希腊共通语还一直在泛地中海地区的港口和贸易中心占据着主导地位。

希腊共通语称霸地中海区域时，不列颠尚未被罗马占领，凯尔特人分为两支，一支居于欧洲大陆，说高卢语，另一支居于不列颠，说布立吞语，他们之间使用的"高卢–布立吞通用语"可能是凯尔特人在公元前的几个世纪里使用的主要中介语之一。但是，人们关于这种所谓的共同用语知之甚少。

中世纪阿拉伯人将他们接触到的罗曼民族语言称为"族际通用语"，这种语言以通俗意大利语为主，诞生于地中海东部的威尼斯人和热那亚人统治时期，是闪米特和欧洲居民之间沟通的中介语。"族际通用语"这一术语，和"共通语"一样被许多语言借用，用来泛指中介语。热拉尔语是一种葡萄牙语，是亚马孙流域的图皮语和巴拉圭、巴西南部的瓜拉尼语之间的中介语。斯瓦希里语具有班图语语法和大量阿拉伯语词，成为东非贸易通道上使用的族际通用语，在 19 世纪，这种语言的使用范围向内陆最远扩张到刚果河地区。如今，斯瓦希里语仍然是世界上主要的中介语之一，衍生了丰富的文学作品。

不同于发端自原始语的自然演化语言，当说几种不同语言的人长时间聚集在一起时，就能产生一种人造的混合语，即皮钦语。[10] 皮钦语的词汇通常来自一种主导语言，但要比这种语言的词汇少得多，其语法高度简化，绝大多数情况下保有一定规则。皮钦语通常仅作为第二语言使用，但也有例外存在。例如基于祖鲁语的南非法纳戈洛语、基于斯瓦希里语的赞比亚塞特拉语和基于法语的越南泰博语等。语言皮钦化的过程通常会与殖民活动联系在一起，如葡萄牙语、西班牙语、法语和英语都曾影响其殖民地的语言。

举一个以英语为基础的混合语例子：19 世纪，当美拉尼西亚的工人被讲英语的种植园园主从所罗门群岛、瓦努阿图和巴布亚新几内亚运送到澳大利亚和萨摩亚砍伐甘蔗后，他们带回去的皮钦语分成三种：巴布亚的托克皮辛语、所罗门群岛的皮金语，还有瓦努阿图的比斯拉马语。这些语言中百分之八九十是英语，还混合了当地的词汇。如今它们组成了新的独特语言，有自己的音系、语法和词汇。[11]

取代了本土语言的皮钦语被称为"克里奥尔语"或"民族混合语"，例如以法语为基础的海地语、以刚果语为基础的扎伊尔基图巴语、以德语为基础的巴布亚新几内亚拉包尔克里奥尔德语和以阿拉伯语为基础的乌干达努比语等。例如，如果不准使用皮钦语的男性工人返回家乡，再促使他们结婚成家，建立起说皮钦语的家庭，那么这种皮钦语无疑会催生出一种克里奥尔语。于是原皮钦语成了第一语言，而在脱胎出的新克里奥尔语中，只有一些母语的只言片语保留下来。由于非洲的奴隶贸易，大量克里奥尔语就这样出现在加勒比海的许多岛屿上。

在皮钦语和克里奥尔语之间存在一个灰色地带，处在那个地带的是既说皮钦语，又说克里奥尔语的人，毕竟其中任意一种都能令双方使用者理解。也许有必要将克里奥尔语重新定义为一种浅显的接触语，其潜在的皮钦语尚未形成牢固的语言结构。在成长过程中，把这种未完成的皮钦语作为第一语言的那代人似乎倾向于将规则稳定化，这证明了语言的普遍性。最近的语言生物程序假说认为，特定的语法特征通常是在这种"克里奥尔化"过程中表现出来。[12]

如果一个人不使用中介语，也不设计或使用皮钦语，又或从小就说克里奥尔语，那么他也可以精心设计出一种人工语言。这种人工语言在理想情况下易于学习，能以中立的方式为所有国家服务。在早期欧洲，这种人工语言不是必需品，因为所有受过教育的欧洲人都把拉丁语作为第二语言。然而，早在 17 世纪，笛卡儿和莱布尼茨就从理论上提出要创建一种逻辑完美的符号系统传播科学知识。尽管人工语言是人为构造的语言，却常常被视为自然语言，因其试图把一种或多种已知的自然语言简化成拥有一类常见的、简化的语法和词汇的语言。从历史上看，融合西方语言，尤其是印欧语言中最普遍的词汇特征有可能实现这一目的。然而，印欧语系仅仅是世界上的众多语系之一，这种长期以来对它的依赖反倒揭开了其"普遍性"的假面。

第一种真正意义上的人工语言是 1879 年德国西南部的牧师施莱尔（Schleyer）发明的沃拉普克语。然而，这种语言语法复杂，词汇不规则，学习起来十分困难。最成功的人工语言是由华沙眼科医生路德维格·柴门霍夫（Ludwig Zamenhof）于 1887 年发明的世界语，时至今日，使用世界语的人数已经达到了 100 万。受世界语的影响，沃拉普克语协会的几名成员进行重组，并在 1902 年公开了一项关于人工语言的新尝试，创造了"成型中立语"。这种语言被誉为"自然语言构建的一大进步"，对后来的尝试具有重要影响。与此同时，意大利数学家朱塞佩·佩亚诺（Giuseppe Peano）提出了一种无屈折变化的拉丁语简化版本，被称作"国际语"。1907 年，法国人波弗特（L. de Beaufront）发明了一种名为"伊多语"的新版世界语，经巴黎科学委员会修订并得到认可，该委员会随后与世界语主义者发生了争执，并在人工语言运动问题上产生了分歧。

早在 1918 年，世界上就产生了大约 100 种不同的人工语言。世界语的实践经验和伊多语的理论创新为创造人工语言提供了新的建议，如德国人瓦尔（E. von Wahl）在 1922 年创造的"西方人语"和戴恩·奥托·叶斯柏森（Dane Otto Jespersen）在 1928 年创造的"新创语"，其词汇都是在西欧语言的基础上形成的。新的研究也随之开展，如 1930 年奥格登（C. K. Ogden）的"基础英语"研究和 1943 年霍格本（L. Hogben）的"格罗沙语"研究皆是完全独立的运动。1951 年，在纽约国际辅助语协会的帮助下，一本国际语–英语词典印刷出版。

从理论语言学和实践语言学两个角度来看，借助个人计算机，新的语言还在源源不断产生，今天人们对人工语言仍然有着浓厚兴趣。这一领域在历史上曾非常吸引人，但其目标已不再具有实际用途。大多数人工语言都以印欧语言为基础，因此缺乏语言普遍性。此外，试图达到"自然"恰恰就是"不自然"，现存的语言在世界上影响力更大，尤其是汉语普通话、西班牙语和英语。创造人工语言的初衷是避免在新兴国家和竞争殖民时代固化国家认同，但这一需要现在已不复存在了，因为大多数的大都市语言都不再属于任何一个单一国家，换言之，世界性语言在历史上已经自然而然地出现。事实上，英语并非刻意设计形成的语言，而是历史环境的产物。目前将英语作为第二语言使用的人数比世界上任何其他语言都多，而且这个数字还在不断增长。[13]

国家和民族语言

纵观历史，人们一直认同他们自己的语言以及那些说的话与自己最接近的人。事实上，在认同说同种语言的其他人这一过程中，民族国家的概念就出现了。近年来近代多民族、多语言国家通常因语言之故，像站立在两条腿的凳子上，难以站稳，想想比利时、加拿大、巴斯克和其他类似的麻烦地域就可以明白。一种公认的国家语言本身也包含着一种高级方言的概念，因为说这种方言的人非富即贵，不说的则是弱势群体。这种重要方言中的公认发音像新帽子一样，是件时髦东西，不断冲击不具威望的方言，使人们习得一种语言的规范性语法。现在，因收音机、电视和互联网的出现，语言轰炸可以在全球范围内发生。

相比之下，BBC（英国广播公司）最近的现代化改进已经基本上消除了所谓的"BBC英语"。"BBC英语"是一种很容易识别的已被大众接受的英语发音，长期以来备受尊崇。现在，不论是英国还是新西兰的高龄听众在BBC广播里听到他们认为的低级发音时，都会愤然指出。他们认为这种发音不仅水准低，而且糟蹋了高雅品位。但是，比起现存语言经历过的变迁，如此抗议是毫无意义的。所谓"高级方言"仅仅是一种妄想，因为特殊方言本身很快就会改变或丢失其特殊性。

一个国家的所有方言，无论是区域性的、种族独有的、因社会阶层的划分而形成的、权贵专属的，还是其他方言以及受外来语影响的语言，都一起构成了地球上每一种自然语言都有的特征，那就是语言融合。[14] 在都市社会语言学中，人们通常遵循"标准-方言"模型，以此引出权势与平等、上层和下层、开放网络和封闭网络等二元对立概念。但是，人类历史上大多数时期都是以较小的社会群体为特征，这些对立显然是不相干的。目前，关于使用人数较少的非洲语言的研究表明，想了解语言变化的概念和有序性，最好是从邻里和祖先的言语规范中找寻。

在多民族社会中，一些民族群体确实比其他民族展现出了更强烈的地方主义，并对居住同类人口的独特区域怀有亲近意识和忠诚感。例如，欧裔美国人要比非裔美国人更具地方主义，因为同一地区内的欧洲人联系紧密，而非裔美国人更倾向于具有行为和语言上的民族共性。与非洲社群相比，同一个地区的非裔更具独立性。但是一个国家中所有群体的言语都在不断地塑造着其民族语言，每天都在改变它，就像添加到马赛鱼汤里的每一种香料都改变和丰富了汤的口味一样。近年来，非裔美国人的言语主要通过音乐、电影和电视极大地影响了欧裔美国人，尤其是在年轻人中间产生了巨大影响。毫无疑问，一种重要的方言能给人留下深刻印象，但是一种语言中的所有方言可以共同作为一个富有活力的整体和表达方式呈现。正是那语言乐章中活力四射的表达成分令现存的语言得以蓬勃发展。

前文曾提及，早在公元前 5 世纪初，历史学家希罗多德就曾写道，"整个希腊社会流着相同的血，说着同一种语言"，这句话意味深长。在人类历史上的绝大多数时期，血统即语言，因为人口稀少，那些说着同样语言的人通常都有着血缘关系。数万年来，这种血缘关系令同类言语间产生信任，而外来言语则会产生威胁。说相同语言的人聚集在一起，先是组成城邦，然后是公国，最后是国家。与此同时，他们遇到说不同语言的人则会起更大的冲突，故邻国之间的边界更加明显，这边界的根源就是缺乏通用语。

人们忧心地指出，加拿大英语和法语使用者之间的分歧现今是如何威胁到国家统一，苏联沿着语言边界发生暴力解体，还有非洲的许多战争几乎都发生在语言不同的部落之间。在美国，最近有数百万说西班牙语的人自南面的国家迁移进来，这引起了很多敏感问题。许多美国人呼吁修改宪法，规定只准使用英语，旨在从法律上使英语成为美国的官方语言。而在苏联，说俄语的人也干过类似的荒唐事，加剧了国内的分歧。

语言隔离主义没能认识到人类语言的驱动力是吸纳和连接其他语言，由此才能促进合作和确保人类生存。中古英语在1066 年后并没有被诺曼法语污染或是毁灭，反而得到了极大的丰富。同样，900 多年后的今天，北美人也可以享受到西班牙语进入英语所带来的硕果。

关于国家和地方语言地位的争论是衡量发展中国家社会和谐的有效指标。自从有了清晰的言语，人类对语言在社会中所起的作用持有不同理解，有些理解构建、团结了社会，有些却分裂了社会，甚至引发了战争。在这两个极端之间，多语言文化不断经历着摩擦。近代民族国家的建立使得这种摩擦更加严重，自上而下的人为压力也与日俱增。[15] 二战后，大多数多语言国家通过民族解放运动摆脱了殖民统治，亟待重新确定独立的官方语言。从那时起，人们对语言的社会影响进行了深入研究，发现人们需要认同一个语言群体来定义"家"的概念，如今，这一观念被视为社会最基本的需求之一。与此同时，少数族裔的权利问题凸显，大多数西方国家不得不承认诸如墨西哥裔的西班牙语，以及非裔美国人和非裔英国人的英语等少数族裔语言（方言）与官方语言具有平等地位。这个古老的问题曾困扰公元前 1600 年克里特岛上的普塔人和利比亚人、公元前 200 年埃及的希腊人以及公元 200 年不列颠的罗马人和日耳曼人，事实上，每个时代的少数族群都曾遇此困境。

非裔美国人的经历不同寻常，被强行带去美国的非洲人一般不被允许说西非语言和标准英语。他们为了交流，生硬地以非洲语言为基础发展出了"黑人英语方言"，那种非洲语言基底反而成为一种容易辨识的族裔象征。尤其值得注意的是，美国非裔英语的音系中具有大量无法在美国欧裔英语中找到的特征，人们一般认为这些特征衍生自原始西非语言，但事实并非一定如此，它们很可能起源于早在17世纪就来到美国的奴隶群体中间。[16]

　　然而，许多西非语言词汇往往隐藏在英语的同音异义词之间，它们不仅因而得以幸存，还进入了国际主流视野，例如"dig"（挖）、"jive"（摇摆舞）、"jazz"（爵士乐）、"hep"（时髦）、"cat"（猫）和"boogie-woogie"（布吉-伍吉舞）等。[17]这些西非语言词汇增补了英语早先继承的日耳曼语同音异义词，英语俚语"cool"（酷）可能来自西非语言单词"kul"，意为"令人钦佩的、极好的"，故"cool cat"意为"令人钦佩的人"。但是，在过去的20年里，世界各地的年轻人一直都把非裔美国人口中的"cool"完全当成"excellent"（极好的）的同义词来使用，这使得"cool"这个单词成为现今世界上被借用最多的形容词。从最初遭受迫害，到开始于20世纪50年代的民权运动，黑人英语方言在国际标准英语中取得了具有影响力的地位。

　　与之形成鲜明对比的是几个世纪以来一直生活在保加利亚的土耳其裔居民，他们近年来不仅被禁止说土耳其语，而且还不得使用他们的土耳其姓名。因此，数千名保加利亚土耳其人

逃回了邻国土耳其。1998 年，为了压制法语这一前殖民时期的
语言，阿尔及利亚政府通过了一项法律，规定除了阿拉伯语以
外，使用其他任何语言都是违法行为。而阿尔及利亚的少数族
群柏柏尔人说着这个国家已知最古老的一种语言，因此走上街
头抗议。这两个例子都是反映少数族群语言常见命运的例子。

性别和语言

自 20 世纪 60 年代末以来，妇女解放运动促使语言学家去
研究语言中的性别差异，尤其是语言用法是否助长和延续了性
别不平等。[18] 这一运动甚至造成了英语语言中的部分中性化现
象，即去除语言中的传统性别标记以帮助女性、同性恋者通过
语言媒介来实现社会平等。对那些在此运动之前就接受了社会
教化和学校教育的人而言，口语、书面英语以及继承下来的态
度和观念都需要不断地修改。

许多语言中都有性别区分现象，特别是区分名词类别，由
于这种规则是语法的载体，所以不可能发生中性化改变。例
如，在威尔士语中，"我正在弹他的钢琴"（Rydw i yn chwarae ei
biano）与"我正在弹她的钢琴"（Rydw i yn chwarae ei phiano）的
区别只能通过受到名词的性影响的单词"piano"所发生的辅音
音变体现出来。在法语中，形容词必须和其修饰的名词在性、

数上保持一致，例如在句子"姐妹们很漂亮"（les soeurs sont belles）和"兄弟们很英俊"（les frères sont beaux）中，阴性复数形容词"belles"（漂亮）和阳性复数形容词"beaux"（漂亮）形成对比。在德语里，性别屈折变化是语法功能的一个不可或缺的标志，例如在句子"这个小孩是这个女人的"（das Kind gehört der Frau）中，词组"die Frau"（这个女人）在这里变成了与格（间接宾语）单数"der Frau"（这个女人）。在许多语言中，性别差异也具有实质性的语义区别。例如，在德语中，阳性词"der Band"意为"册"，而阴性词"die Band"则意为"乐队"，中性词"das Band"意为"弦、细绳、带"。威尔士语和法语一样仅有两种性，威尔士语中阳性词"gwaith"是"工作"的意思，而阴性单词"gwaith"则表示"时间"。由于缺少明确的性别规则和区分，英语使用者或许觉得英语在实现性别平等方面处于领先地位，至少在语言层面上是如此。

在过去的 25 年里，英语中实际发生的是伴随着大众传媒爆炸性增长而引起的一场前所未有的"性别净化"。这促使每一位受过教育的英语使用者和作家有意识地重新评估自己的英语用词，从而避免使用可能对女性和同性恋者的权利产生负面影响的词汇。[19] 这种争论有时显得十分荒唐，一些女性支持者认为英语单词"human"（人类）是一个"男性"单词，试图用"huperson"这样的单词来取而代之。但这一尝试失败了，也许主要原因不是单词"human"实际上来自拉丁语单词"hūmānus"，与日耳曼语的"mann/mannon"（男人、人类）并没有关系，而是这个单词是一个核心词。幽默作家们当时质疑妇女解放运动支持者是否也想将曼哈顿（Manhattan）改名为"人"哈顿（Personhattan）。

然而，其他一些词确实使用频次大大降低了，尤其是那些在不必要的情况下明显表达男性气概的词汇。例如，在本书中，作者有意识地使用性别中性的单词"humankind"（人类），尽量不使用"mankind"（人类）。除澳大利亚总理在 1998 年试图重新使用"chairman"（主席）这一单词外，世界其他地方实际上已采用"chairperson"（主席）的说法了。英语中大多数职业种类名称已中性化，例如"stewards"（男乘务员）和"stewardesses"（女乘务员）现在统称为"乘务员"（flight attendants）。如"forfathers"（祖先）、"fatherhood"（父权、父亲身份）和"manservant"（男仆）这样严肃的单词或许会被"ancestors"（祖先）、"parenthood"（父母身份）和"domestic"（用人）取代，加入丰富的历史词汇库。在具备正当理由的情况下，这不仅是语言的命运，也是语言的责任。

类似的冒险行径过去也曾发生，但通常是出于宗教、种族或是民族主义因素。在 19 世纪，英国政治家托马斯·马西（Thomas Massey）曾斥责英语中与天主教有关的用语，并向下议院提议把"Chrismas"（圣诞节）改名为"Christtide"，以避免与天主教弥撒（mass）产生联系。当首相本杰明·迪斯雷利（Benjamin Disraeli）起身质问托马斯·马西是否也准备把自己的名字改成"Tom-tide Tidey"时，此事才滑稽落幕。

语言净化

　　语言净化论者希望回归一种直观的更纯粹的语言形式，而不是因社会变化而改变继承来的语言。或许早期梵语、希腊语、拉丁语和阿拉伯语语法学家的主要动机与其说是为了在科学意义上理解语言，倒不如说是为了规定语言，即定义和固化书面语中最纯粹的形式。先哲们的那些关于古老而纯粹的语言的神话，似乎总是构成这类活动的基础。文艺复兴时期的学者们为了创造一种新的哲学和科学词汇体系，将大量希腊语和拉丁语词汇引入所有欧洲语言。由此涌入的外来词数量庞大，17 世纪的语言净化运动应运而生，旨在清除人们语言中所有明显的外来元素，以规定恰当的语言用法。直到 18 世纪，人们才最终在这两种极端做法之间找到了理性的平衡。

　　1582 年，在意大利佛罗伦萨，几位学者和诗人聚集在一起成立了秕糠学会（Accademia della Crusca），旨在净化本国语言中的所有外来词，提升意大利语的民族特征，他们的这一理想主要以备受尊敬的但丁和薄伽丘的著作为基础。该学会繁荣发展了两个世纪，鼓舞了全欧洲类似的学会。德国此类学会中最古老且最受推崇的是位于魏玛的丰收学会（Fruchtbringende Gesellschaft）（1617—1680 年），17 世纪所有重要的德国诗人都属于这个学会。同样，法国在 1635 年成立了法兰西学会（Académie Française），直至今日，该学会仍然是法国最受推崇的语言监督规定机构。

英国皇家学会成立于 1662 年，主要是为了效仿法国，直至彼时，英国仍在抱怨英语并不纯粹。15 世纪晚期，伦敦印刷商威廉·卡克斯顿（William Caxton）曾经用奇怪的英文语句"over curyous termes which coude not be vnderstande of comyn people"（普通人无法理解这样的古怪措辞）抨击当时混乱的语言体系。当时，数以百计的法语外来词与英语母语词相竞争，例如"rock/stone"（石头）、"realm/kingdom"（王国）、"stomach/belly"（腹部）、"velocity/speed"（速度）、"aid/help"（帮助）、"cease/stop"（停止）、"depart/leave"（离开）和"parley/speak"（谈话）等。英语的解决方法是同时保留这两种单词，但赋予它们细微差别或是不同的社会价值，潜移默化地置换替代，丰富英语词汇，这是世界上很少有语言经历过的变革，英语基本上成了日耳曼语族和意大利语族这两个独立语族的产物。1577 年，历史学家拉尔夫·霍林谢德（Ralph Holinshed）宣称："在我们的时代，没有语言比英语拥有或能够拥有更加丰富的词汇和词组。"

　　然而也有人反对毫无节制地借用外来词，他们谴责"那些用其他语言的残渣碎片来填补语言漏洞的人，他们这里借用一下法语，那里借用一下意大利语，到处都借用拉丁语，全然不考虑这些语言自身匹配的问题，它们可能甚至比我们自己的语言匹配得还要糟糕，正是这些人使英语变成了其他语言的大杂烩"。塞缪尔·约翰逊（Samuel Johnson）在 18 世纪曾试图编写第一本完整的英语词典，称其目标是"重新定义我们的语言，保护语法纯粹性，清除不规范的口语"。当然，约翰逊从一开始就注定会失败，因为根本就不存在纯粹语言。英语尤其如此，在 10 000 个最常使用的单词中，只有 31.8% 源自日耳曼语，剩下的 45% 来自法语，16.7% 来自拉丁语，其他一些小语种也贡献了单词。但是在 1 000 个使用频率最高的英语单词中，有 83%来自古英语，12% 来自法语，2% 来自拉丁语。此外，英语在语法和音系上体现了法语的上层语言地位，但不如在词汇上表现得那么明显。

　　语言净化论者的错误在于他们一直没有意识到"借用"是语言最大的优点之一。人类语言并不是石头，而是海绵，这一品质赋予了语言绝妙的创造力、适应能力和生存能力。纵观历史，语言净化总是一而再，再而三地出现，而起因通常是战争。例如在第一次世界大战时期，英语中的德语元素或与德国相关的词语和名称都被英语化了："German shepherd"（德国牧羊犬）变成了"Alsatian"（阿尔萨斯犬），"Battenberg"（巴滕贝格）变成了"Mountbatten"（蒙巴顿），等等。同样，20 世纪 30 年代到 40 年代，病态执着于"雅利安人"的纳粹试图净化德语中所有的外来影响，尤其是犹太人的影响。在广阔的苏联内，也有过清除俄语中资本主义词汇的尝试。

第二次世界大战结束后，印度尼西亚摆脱荷兰而独立，彼时印尼语还只是当地数十种独立语言中的一种，而新政府决定用印尼语取代荷兰语，将其用于政府、法庭、媒体和教育领域。随后，新政府成立了语言文学理事会用以创造新的术语，并使用这种术语将必要的荷兰语资料翻译成印尼语。至此，中央政府计划、批准和落实了一种纯粹的印尼语。印度尼西亚在那之后用这种新的人工语言来传达一切指令，原本丰富的语言多样性迅速减少。

毛利人大约占新西兰总人口的 11%，但仅有 5% 的毛利人会说毛利语。与此形成对比的是，所有毛利人都能说一口流利的英语。然而受美国黑人民权运动的鼓舞，新西兰本土的"权利运动"促成了一个与印度尼西亚语言文学理事会相似的部门的成立，该部门旨在创造用来表述毛利人未知的西方文学和科技事物的新毛利语词汇。由于这是一种专门保护毛利语不受英语污染的行为，因此并不经常使用。

冰岛是另一个实施了语言净化的国家。冰岛语是日耳曼语族中的主要语言，主要为挪威及爱尔兰殖民者后裔所用，他们在公元 874 年后到冰岛定居。冰岛人口稀少，只有大约 27 万人，这使得冰岛语特别容易受到外来语的影响。出于强烈的民族自豪感，有一个专门的语言委员会定期召开会议来决定哪些新术语可以进入冰岛语，例如 "sjónvarp"（电视）（冰岛语字面意思为 "视觉冲击"）这个词经讨论被保留了下来。

宣传和语言

社会同样会通过语言来混淆是非，撒谎欺骗，给社会成员的个人自由带来可怕的后果，借此剥夺他们实现民主认同的权利。这样的语言滥用是社会病态的表现，过去，那些长期滥用语言的政府都消亡了。

政治正确首先体现在语言上，如果一个人不使用掌权者的语言，他就会受到伤害。[20] 古代雅典人不得不使用蔑视、贬低斯巴达，且抬高雅典派价值观的说话方式；罗马军民大量涌入后，伦敦的凯尔特人小心谨慎地避免使用任何可能会污染他们主导语言的拉丁语语法；当中世纪的僧侣致力于维护言语的纯洁性时，维京人杀掉了这些僧侣，以向其他战士彰显他们的实力。随着印刷机的出现，审查变得更加严格，于是抄写员变成了作家和编辑，他们小心翼翼选择表达方式，以防国王或主教颁发的珍贵的出版许可成为一纸空文。

随着 16 世纪末首批报纸的出现，媒体格外小心报道和评论的用词。出于这个原因，印刷用词在语言上通常代表着一种恭敬妥协的用法，而不是实际的口语用法。印刷用词也常常具有误导性，在 19 世纪上半叶的美国，新闻界使用了"Manifest Destiny"（昭昭天命）这样的挑衅用词，鼓吹杀戮印第安人并没收他们家园土地的行为。二战后，反殖民运动迭起，反西方联盟被媒体称作"游击队组织"或"共产主义反叛分子"，反东方阵营则被称作"资本主义叛军""法西斯主义者""强盗"等等。即使在冷战后，这种宣传辞令依然存在。

宣传的作用很微妙。1998 年，在约翰内斯堡的一次电台访问中，一名白人采访者使用了"你们非裔美国人"的说法，而来自北美的被采访者则以"你们白人"予以回应，早期语言冒犯的讽刺性逆转和颠覆力度可见一斑。如今南非所处的就是被白人报纸称为"后种族隔离"、被黑人报纸称为"后解放主义"的时代。公司高层也常常会玩类似的文字游戏掩盖跨国公司的错误行径，例如放射性污染、生物入侵、二氧化碳排放过量、无节制的雨林砍伐、臭氧损耗加剧等等。当这种掩盖行径仅仅是为了维护公司利益时，那些"制造共识"，即媒体为了少数既得利益者传播假信息、扭曲事实以及滥用语言的现象便会在我们这个全球即时通信的时代，对民主制度、全人类和大自然造成严重危害。[21]

人们对语言净化感到恐惧。阿道夫·希特勒的"最终解决方案"背后隐藏了对欧洲犹太人进行大规模屠杀的命令，令人不寒而栗。在美国越战时期，"把某人带出去"和"搞搞卫生"的说法代替了"杀害"和"谋杀"。甚至在 20 世纪末，冷战结束之后，五角大楼仍然称炸弹为"垂直部署的杀伤装置"，"人的死亡"被量化成"死亡人数"。许多人认为语言净化是必要的，因为这可以让人们做出非人的行为。在类似的现象中，士兵将敌人看成集体虚无的存在，以此来使自己相信这些潜在受害者不同于正常人，是可以被杀死的。对古希腊人而言，他们的敌人波斯人只是一群异族人或口吃者。在美国独立战争时期，人们要么是与"红衣军"（Redcoats，指英军）作战，要么就是与"北方佬"（Yankees，指美军）作战；到了美国南北战争时期，人们不是被称作"约翰尼·雷布斯"（Johnny Rebs，对南方士兵的一种称呼），就是再次被称为"北方佬"（Yankees，北方士兵）；在苏丹，士兵们被称作"毛茸茸的人"（Fuzzy-Wuzzies，英俚语）；"一战"期间，德国人被称作"匈奴人"（Huns）；二战期间，轴心国士兵被称作"德国屁股"（Heinies）、"德国鬼"（Jerries）、"酸菜鬼"（Krauts）、"德国佬"（Fritz）或是"日本佬"（Japs）；在越南，越共则被美军简称为"查理"（Charley）。

　　军官们实际上被鼓励使用这样的说法，有时这些称呼令有原则、有操守的政治家难以容忍。二战期间，在艾森豪威尔将军位于伦敦的指挥部，英国首相温斯顿·丘吉尔听到一名美国上校在战役后询问："ICP 是多少？"丘吉尔问："什么是 ICP ？"上校回答说："是'Impaired Combatant Personnel'，战损人员。"丘吉尔责骂道："别再让我听到这个可恶的字眼了，如果你说的是英军士兵的话，应该称他们为'伤兵'（wounded soldiers）。"

　　官场上的生硬用语有损理智和情感，但它普遍存在于每个有文字的国家。"公文用语"从广义上说污染了近乎所有的古埃及和玛雅纪念碑文，因为这些碑文在很大程度上传达了关于自我标榜的中央政权和来自中央政权的复杂信息。如今，这种语言滥用现象仍屡禁不止。最近，英语中一众职业名称改头换面，让人不明所以，例如，"送葬人"（undertaker）或"殡葬业者"（mortician）变成了"殡葬引导师"（funeral director）、"丧亲护理专家"（bereavement care expert），"看门人"（英式英语为"caretaker"，而在苏格兰、加拿大和美式英语中为"janitor"）现在变成了"卫生工程师"（sanitary engineer）。为了掩盖不满或是政治错误，人们越来越多地使用含糊不清的用语，众多本来完全可以理解的概念不断消失。文章经常写得语焉不详、闪烁其词，将常识踩在脚下，而有时这也是作者的目的所在。

　　为了抵制语言滥用，英国在 1979 年发起了"简明英语运动"，旨在说服组织机构用简明的语言来与公众沟通。这场运动的领导者们反对公文、法律术语和小字附加条款那不良含混的文风和模棱两可的语言用法，并介入调整这种令人不满的状况，因为这些都隐含着语言骗局。这场运动使得英国公共信息的语言和设计有所改观，并且产生了国际影响。《牛津英语指南》的编者最近写道："在英语的发展史上，从未有过像简明英语运动这样影响深远的强大民间运动。"以用简明英语改写的句子为例，"高质量的学习环境是促进和提高正在进行的学习过程的先决条件"（High-quality learning environments are necessary precondition for facilitation and enhancement of the ongoing learning process）变成了"孩子要想学得好，就要上个好学校"（Children need good schools if they are to learn properly）。

手语及其他符号语言

世界上所有已知的现存语言都会将手势和语言结合起来，这表明手势一直是人类交流的重要组成部分。一些人认为，原始的手语促进了早期人类有声语言的发展。但是手语本身也可以独立作为一个有组织的系统，用自然、机械或电子创造的符号系统代替，在较远距离内传递信息。在一群语言不通或听说有障碍的人之间，也可以用比手势、看符号来替代口语。手势是一种符号，而符号学正是关于符号与标记的一般哲学理论，专门研究它们在人工语言和自然语言中的功能。

人类总是使用某种形式的符号语言进行远距离信息传递，例如放出烟雾或箭矢，击鼓，吹响海螺壳、喇叭和号角等各种各样的方法。[22] 古希腊人可以用抛光的青铜盾牌反射阳光来向离岸的船只发出信号；罗马人在战斗中会使用号角和旗帜传递信号；中国人会利用带有特殊色彩的烟火来传递信息；北美原住民常常通过一连串的烟雾，就像原始莫尔斯码一样在宽阔的山谷里相互发送特殊的信号。商船和海军使用旗语来传递信号已有上千年的历史，随着 19 世纪铁路的出现，表示"松开刹车""停止""后退"等意思的通用信号灯系统也出现了。电报的问世带来了复杂的语言代码，这些代码也可以用各种物理信号来表示，例如莫尔斯码可以通过手旗、太阳反光或是夜晚的火把、灯笼和其他光源来传递；如果距离很近，也可以借用口哨、号角、鼓和其他东西。

预先设定好的手势还可以在一定程度上替代口语，自中世纪以来，修道院手语作为第二语言在欧洲的修道院内得到使用，人们可以在不打破沉默誓言的情况下进行交流，不过没有人把修道院手语当作母语。大平原印第安手语是语言不通的群体之间共有的一种复杂手语，可以用复杂的语法句式来表达自然物体、观念、情感和感觉。继西班牙人从大平原南部引进马匹，法国人从东部散播枪支之后，这种大平原印第安手语在北美诞生。这种手语可以用来进行详细交谈，不仅通用于印第安各族之间，而且也可以用来与欧洲人交流贸易、狩猎和社会信息。今天在各个印第安民族中，大平原印第安手语仍然被用来讲述传奇故事、进行祈祷和举办宗教仪式。然而，因为现在所有的美洲印第安人都能讲一口流利的英语，故这种手语不再用于民族之间交流，但它也不是聋哑人专用的手语，仅仅作为第二语言使用。

对于使用手语的聋哑人来说，手语是第一语言。从加泰罗尼亚语到汉语，从蒙古语到玛雅语，100 多种用于交流的自然语言都转化成了手语，聋哑人手语是现今世界使用的主要手语之一。该手语主要涉及聋哑人文化，相关领域的大量研究和其他活动目前吸引了数千万从业者。

1770 年，艾比·德·莱佩（Abbé de l'Épée）在巴黎成立了世界上第一所聋哑人学校，亲自为他照料的聋哑人发明了一种单手字母表。后来，双手字母表也被精心设计出来，这种方法为今天的聋哑人所广泛使用。聋哑人手语并不是一种单独的语言，简单来说，它是通过手势来对自然语言进行字母编码形成的。北美的聋哑人专家借鉴了大平原印第安手语和法国手语，精心设计了两种类型的手语，如今现存的聋哑人手语大多都衍生于此：第一种是自然手语，同大平原各民族的手语体系一样，在口语的基础上标注对象、观念等等；第二种是系统手语，它在书面语的基础上标识字母表中的单词或字母。当今世界上使用人数最多的手语是北美手势语，这种手语也被用来与动物交流（参见第一章）。

濒危语言和语言消亡

语言通常要比讲这种语言的人更容易消亡。的确，欧洲过去 5 万年的人类历史主要由语言而非基因变迁构成。尽管教科书上通常说现存的语言大约有 5 000 种，但大约只有约 4 000 种今天仍在使用，而且数目还在急剧减少。据估计，到 22 世纪初，这些语言中或许只有不到 1 000 种还会继续使用。在人类历史上，社会融合和种族解体从未像今天这样迅速。[23] 由于经济、文化、政治、宗教和其他原因，语言总是在不断消亡，即使不是少数民族，人们也会失去自己的语言。曾经，在来自东方的各种入侵浪潮中，大多数欧洲的主要语言被少数民族的印欧语取代。语言濒危现象是目前人类面临的最艰难的文化挑战之一，导致了重大的科学问题和人文主义问题。[24]

跟一般观点相左的是，有少部分人认为语言消亡是由灾害造成的，例如干旱、战争、地震、火山活动、山体滑坡、海啸、洪水等。尽管在更早的时代，谋杀、疾病和放逐可能常常造成语言丧失，但在近代人类历史中，这种情况更多的还是"不得不"自愿发生的，例如：前印欧语系中的阿基坦语让位于凯尔特人的高卢语，而高卢语随后被罗马拉丁语取代；大多数不列颠的布立吞凯尔特人同样接受了少数占领者使用的拉丁语，但最终还是采用了另一批少数占领者的日耳曼语。波拉布语是生活在厄尔巴河和奥德河之间的西斯拉夫人使用的斯拉夫语，经过约 800 年的密切接触，最终在 1750 年左右融入日耳曼语言和文化。然而由于一系列偶然情况，居于柏林东南部施普雷河中上游的西斯拉夫人，又称文德人或索布人，成功保留他们的斯拉夫语言和文化至今。历经约 500 年的殖民后，现今近乎所有的拉丁美洲人都讲西班牙语。复活节岛不再是世界上最后一处避难所，最终也向西班牙人屈服，传统波利尼西亚语成为代价。与先进的外来势力发生接触后，世界各地的父母总是会敦促他们的孩子去适应环境，希望他们安全并生活得更好。正因父母鼓励或容忍双语主义，他们的语言被另外一种语言取代，孩子们最终成了说新语言的单语者。

　　尽管语言替代带来了立竿见影的好处，但那些自愿放弃他们的语言的人总是感觉丧失了身份认同，伴随着被殖民或被宗主国击败的自卑情绪，背叛了自己神圣祖先的痛苦无法消弭。他们的口述历史、圣歌、神话、宗教和专门用语被抹消，传统、习俗和公序一去不复返。旧社会的一切都崩塌了，而新的语言通常无法填补这一真空，迷惘的一代人只得去寻找新的身份认同感以及价值。

与语言替代平行的另一种方法是永久实行双语，即人们继续使用本土语言，也积极地使用大都市语言，例如用国际标准英语和西班牙语与所有外来者交流。当某种语言的使用者人数较多时，这样的解决方法会非常有效，但使用人数少的语言几乎注定要被都市语言取代。真正的少数族群语言，即那些约有两万人甚至更少人口使用的语言只有通过完全隔离才能得到保护，其他任何做法都必然造成语言灭绝。

不仅是语言在以前所未有的速度消失，方言也在消失。所有能在广播中听到的地区方言都让位给政府或企业中心选作媒体标准的权威方言，那种方言通常为统治阶级自身所用。语言多样性消失犹如砍伐雨林的后果，此外，19 世纪初以来，教育语言也以一个国家的权威语言和该语言的权威方言为标准，言语愈发走向高度一致的局面，因为通常情况下，语言的规范模式已经得到强制实行。

拯救濒危语言的努力多以失败告终。人们有时认为，与维护动植物多样性类似，对人类而言维护语言多样性也十分必要，否则将会出现一个文化荒芜的世界。[25] 但是，每一种文化都在不断改变，去适应环境、顺应生存法则，这并不是文化的损失，而是社会的演化。外国语言学家拯救濒危语言的热情远远超过使用这些语言的本土社区居民，出于科学目的，他们必须动用一切可利用的资源，以正规的叙述方式即时记录下濒危语言，但常常徒劳无功。

语言一旦灭绝，就无法被复活，语言中不存在东山再起者。人们经常会听到这样的说法："希伯来语是一门于现代复活的语言。"可事实上希伯来语从来不曾消亡。希伯来语是犹太宗教仪式中书写和吟唱使用的语言，人们在日常生活中也时有耳闻，常常使用。鉴于宗教和民族原因，希伯来语一直是其使用者的权威语言。最终，1948年犹太国家成立，相应的政治需求出现，希伯来语从一门宗教性第二语言成长为活跃的第一语言。现代语言学的复兴尝试始终是小利益集团的消遣，并没有产生大规模的语言影响，这从对马恩语和康沃尔语所做的尝试中可见一斑，取代了那些语言的大都市语言仍然是第一语言。大多数语言学家认为，人类语言的大规模消亡已成定局，这是人类为新的全球化社会付出的代价。

言语幽默

幽默有很多类型，例如哑剧、手势、情景、音乐、解说、图画和象征符号等，但言语幽默迄今为止最为常见，也是人类社会相当重要的组成部分。所有社会中都存在言语幽默，或荒诞不经，或故作庄严，营造出一种荒谬可笑、有悖常理的感觉。语言的不同层次常常同时相互影响，以一种突然或意想不到的方式将对立事物组合在一起，给人留下惊讶和欣喜的初印象。[26]

我们可以认为更加复杂的言语幽默形式，例如讽刺、反讽和戏仿一直未曾灭绝。但是，流传下来的古代幽默有很大一部分和性相关。这并不意味着早期社会要更加淫乱，恰恰相反，言语幽默揭示了在社会中被普遍压抑的东西。由于大多数古代社会规模较小，关系紧密，戒律严格，言行过于规范，通常使人感到压抑，所以不雅甚至是下流的故事很容易成为社会的润滑剂且更受欢迎。[27]幽默用言语将讳莫如深、难以启齿的东西突然揭露出来，引起震惊，随即引发笑声。此外，当只能冒险用幽默的方式表达对社会的尖刻批评时，这种方式本身就成了一种乐趣。

在古埃及这个希罗多德笔下"拥有如此多奇迹的国度"里，幽默就像日常饮食的调味品，无疑丰富了日常生活。一位早期的抄写员这样解释"男孩的耳朵长在背上"这句笑话："因为他只有在被打的时候，才会认真听话！"尼罗河边坠入爱河的男人这样描写他最爱的人："如果我亲吻她时，她张开双唇，何须美酒，我已自醉！"

欧洲已知最早的言语幽默是荷马史诗中的故事：奥德修斯告诉独眼巨人波吕斐摩斯他的名字是 Noman（诺曼），当其他独眼巨人听到波吕斐摩斯痛苦的哭喊，赶去帮忙并询问是谁伤害了他时，波吕斐摩斯回喊"No-man"（没有人），于是那些独眼巨人又都离开了。

罗马诗人马尔提阿利斯（Marcus Valerius Martialis）这样描述公元 79 年维苏威火山爆发掩埋庞贝城的情形：即使对众神而言，这一切也太过分了。在庞贝古城出土的一幅涂鸦中，有人写道："你认为我会介意你明天就倒地而死吗？"一位罗马丈夫给买了昂贵面霜的妻子写信说："你就是睡在一百个面霜罐子里，你的脸也好看不到哪里去！"在 18 世纪，罗马人的后裔在谈及"大游学"收藏时说："如果罗马斗兽场轻便易携带，那么英国人也会把它搬走！"

中古时期的幽默尤为丰富，这一事实常常被学界忽视。大约在公元 1050 年抄写的《剑桥歌集》最后一页上有一首拉丁抒情曲的片段，那是当时最受欢迎的一种文学类型，歌词大意是一位少女对恋人倾诉：

请来到我身边，我的至爱（咏叹）

来看我吧，你会享受到极大的欢愉（咏叹）

相思入骨（咏叹）

多么渴望维纳斯的火焰（咏叹）

如果你带上钥匙来的话（咏叹）

你进门会有多容易（咏叹）

在 12 世纪早期一首来自安达卢西亚的西班牙语歌曲中，一名少女向她的情人唱道："我会给你如此的爱——只要你将我的脚抬高到脚镯正好能碰到我耳环的位置！"

阿基坦的纪尧姆九世（Guillaume IX d'Aquitaine，1071—1127 年）是我们所知的第一位法国通俗抒情诗人，是中世纪最华丽的人物之一。他是普瓦图和阿基坦公爵，也是未来的英国王后阿基坦的埃莉诺的祖父。他向骑士和士兵同伴们歌唱他的两匹骏马，"（我）可以骑其中任何一匹"，但骏马彼此之间却不能共处，要是他能驯服它们，"骑术就比任何人都要精湛"，于是他转向听众询问，"如何解决困境，从没有哪个选择会如此尴尬，我不知道是该留下阿格尼丝还是埃尔曼森"，而"阿格尼丝"和"埃尔曼森"是他宫廷中两位贵妇人的名字。

最早被复原的波利尼西亚语圣歌来自复活节岛，创作于公元 1800 年左右，以吟唱的少年纵情嘲弄少女为结尾：

为什么歌唱爱？——还不如待在洞里

待在哪里的洞穴？——（在）那树顶摇动的树叶遮盖下

当不下雨，又或是雨丝颤动、雨水丰盈时

年轻的姑娘们，让我们打上一架，免得花儿被驯服，啊哈！

言语幽默在 1606 年威廉·莎士比亚天才般的戏剧《李尔王》中得到空前推崇，剧中一名弄人揭示了幽默最深层次的目的，即缓和生活中最丑陋的事实真相。

李尔王抗议说："你叫我傻瓜吗，孩子？"

弄人："你把你所有的尊号都送了别人，只有这一个名字是你娘胎里带来的。"

后来，李尔王喊道："到底谁能够告诉我，我是什么人？"

弄人回道："李尔王的影子。"

第五场中，弄人问："要是一个人的脑筋生在脚跟上，它会不会长起脓包来呢？"

李尔王说道："嗯，不会的，孩子。"

闻言，弄人道："那么你放心吧，反正你的脑筋不用靠穿拖鞋来保护。"

李尔王天真地大笑："哈哈哈！"

在接近这出悲剧的结尾的片段中，弄人劝告肯特："当一个大车轮滚下山坡的时候，你千万不要抓住它，免得跟它一起滚下去，跌断了你的头颈；可是你要是看见它上山去，那么让它拖着你一起上去吧。倘若有什么聪明人给你更好的忠告，请你把这番话还我；一个傻瓜的忠告，只配让一个混蛋去遵从。"*

在人类历史上，人们第一次认识到语言在传播、塑造和反映社会现象方面的重大作用，并开始把这种对语言作用的认识广泛应用到以社会、教育和政治为基础的问题上。通过研究语言的社会功能，将理论、描述和应用结合起来，这也是社会语言学家的职责。

社会语言学家最关心的是人类活动中产生摩擦之处的语言变化，他们传递即将消逝的信念和新出现的概念，定义语言可容忍的范围，揭露当权者的阴谋。而他们最重要的职责或许是记录人类通过语言体现出来的意识和敏感性的演变。通用语和人工语言并驾齐驱，体现了人类社会平等交流的基本需求。纵观历史，一个社会更认同那些说话相似的人。因此，单一语言

---

*　相关译文整理自朱生豪译《莎士比亚经典作品集》之《李尔王》。——译者注

的国家产生了，这些国家中的少数族群也努力通过语言做出自己的独特贡献。多民族地区摆脱殖民统治、迈向独立的努力凸显了语言在建立国家意识上的重要性。

在过去一代人的时间里，女性的社会角色得以重塑，人们见证了英语中的性别净化现象。在人类历史上，当社会发生显著变化，如过多外来借用词入侵，或某政权宣布了一项民族主义议程时，语言净化就会发生。宣传和政治正确一直是污染语言的社会现象，的确，这两者都引燃了最令人发指的行为。因此，最受欢迎的是那些反对官场语言和公文带来语义模糊和欺骗行为的语言运动。

手语是一种生物现象，当身体条件不允许实现发声时，许多社会便通过系统化的手势语言来解决交流问题。当今世界上有 100 多种聋哑人手语，可见这种语言形式具有绝妙的可塑性和实用性。与人类语言相关的一种社会现象是语言消亡，自人类言语出现以来，已有成千上万种语言消失了。与普遍看法相反，大多数语言只是演化成某种新的语言，或是受利益驱动自愿被入侵的外来语取代，所有语言融合的过程都是丰富的。

这些现象的发生总是伴随着生活中的成功和不幸，还有言语幽默。这种语言艺术使得人们在探索人生的深度时，可以嘲笑逆境，对苦难一笑置之。

在这些以及其他许多有趣的现象中,语言是衡量人类社会的终极标准。语言比生活中的任何能力都能更清晰地表达出,我们是谁,我们意欲何为,我们要去何方。

第八章

未来趋势

　　未来地球上的语言会变成什么样呢？人们无法准确预测语言的未来，因为许多非语言因素在持续不断重塑一个社会的语言，例如经济转折、社会暴动、大规模移民、大国的骤然崛起、新技术、社会风尚以及许多其他的现象。然而，参照过往的语言变化情况并认清当下的语言发展趋势，至少可以为语言在不久的将来该如何发展提出可能的预测。人们还可以考虑一下主要说英语的政府和企业战略家的活动，他们目前正满怀热忱地开疆拓土，在未来的几十年里，英语比那些不具野心的语言更有可能盛行。

　　仅仅对以往的语言变化情况和动态过程进行类比分析，也能得出站得住脚的结论。西方国家与其他国家之间所有传统的政治、文化和经济权力关系都正在经历前所未有的转变。这种转变目前来看似乎是一个持久的全球性特征，或许会创造一种新的世界秩序，虽然其特性很大程度上仍不得而知，但随之而来的可能是更大的国家、更大的企业和更大型的语言，这也就意味着语言的数目会变得更少。

除了过去简单的语言变化和消失（替代）现象，如今语言学领域扩展到人类社会前所未有的程度，这一事实也在充实语言的历史，如今对"语言"一词本身须重新定义。编程（计算机）语言等新技术正在创新、扩展人类语言，一种新的语言媒介可以实现智能交流。

尽管地球上现存的语言将继续以类似的方式发生变化，但传统的语言维度已经一去不复返了。纵观历史，语言就意味着地理疆域，即国家。但现在，语言版图已经变得几乎毫无意义。语言主要意味着科技和财富，在一个崭新的、无国界的世界，只有贫富阶层之差。是否精通这个星球上唯一的通用语将很快决定每个人在地球上（甚至地球之外）的位置。

编程语言

计算机加快了对数值、属性和方法的描述的处理，以便为特定问题提供解决方案。编程为文本处理、操作系统、数据库和其他计算机活动提供了程序。用来编程的一种特定工具是编程语言，人们约定俗成地用它来编写可运行的程序。[1]
编程语言同样可以用于语言研究、编译程序研究、教学和其
他事情。

许多截然不同的定义方式都试图用寥寥数语概括编程语言
的实质。诚然，编程语言本身是一种语言，是信息交流的媒
介，但它与人类先前已知的所有语言形式完全不同，只与书面
语有一定的相似之处，因为编程语言具有多种类型，能够再
现自然语言的文字形式。[2] 对一些人而言，编程语言只是一个
用来协助程序员的工具；而在另一些人眼中，编程语言是一种
用机器和人类皆可读的方式来描述计算的符号系统。有人将编
程语言理解为一种人机都能理解的正式算法符号，是能解决任
何计算问题的程序规则，也有人把编程语言仅视为一系列机器
指令。

所有语言的目的都是交流，而编程语言的主要目标是与缺
乏想象力的机器进行交流。[3] 除某些个例，编程语言本质上是一
种描述问题的计算方式，是提供解决方案的机制。首先，它必
须达到机器可读，即计算机必须能够将数据、问题和指示翻译
成它自己的语言；其次，它还要成为一种人类可读的语言，能
够让人阅读并理解它描述的解决方案。[4]

每种编程语言在算法的描述和设计，以及数据结构和程序
管理方面具有不同的视角和特征。跟自然语言一样，每种编程

语言的特征都独一无二，决定了它适用于何种给定计算任务。[5]
根据计算机语言编程理论，编程语言主要包括三个方面：

句法（语法）：编程语言决定使用哪些符号及如何组合
符号；

语义：程序员赋予编程语言结构的含义；

语言模型：程序固有的领域、哲学或范式，即为解决具体
问题而探讨计算的方法。

目前存在着各种各样的语言模型或解决问题的方法，下文
列出其中最重要的一些。[6]

命令式语言：将算法应用于初始数据集。在这种语言中，
程序是基本命令的序列（通常是赋值），并使用相关的控制结
构，例如控制命令的序列、条件和循环。如 Fortran、Pascal、C
语言、Assembly Code。

面向对象语言：通信对象的集合组成的程序，例如 C++、
Java、Eiffel、Simula 和 Smalltalk-80。

逻辑语言：把推论步骤序列化，保证解决方法与初始数据
集处于特定关系中。它由来自特定逻辑语句集合的程序组成，
通常秉持像计算机编程语言 Prolog 一样的谓词逻辑。等式逻辑
语言有 OBJ、Mercury、Equational。

函数式语言：将（数学）函数应用于初始数据集中。ML、

Haskell、FP、Gofer 都属于这一类。

并行语言：由相互通信或相互合作的进程的集合组成。如 Ada、Modula-2、C* 语言。

说明性语言：由只是事实集合的程序组成，该类别包括一些逻辑和函数式语言。

脚本语言：采纳了上述任意一种模型，但通常用来支持一个更大的程序包。

在采用了一或多种上述或其他方法后，编程语言开始变得和传统的语言族系模型相似。可以说，这些模型与自然语言相关联，它们相互派生，换言之是在创建新的编程语言族系。但是编程语言的主要区别在于它们从始至终都是不具有生命、无声的系统内部键盘程序，毫无地域性可言，仅存在于网络空间中。

但是，这种现象似乎也在改变。雷神系统公司和得克萨斯大学达拉斯分校的研究人员最近开发了一种用于人工神经系统的电子神经开关，将在不久的将来进行详细研究。人工神经系统将会模仿人脑及其通信网络的处理过程，使科学家研制出的自主机器人能从各种传感器中接收信息并独立做出决定。最终，机器人和人类、机器人和其他机器人以及计算机系统之间的对话都将不再是天方夜谭。

在世界范围内，计算机已经在利用大量的编程语言进行相互沟通，很像是人类和动物之间的交流，但这一次，人类扮演的角色是引路人，而非主导者。广义上说，"语言"正在迅速超越人类的控制，成为人工电子系统的起源。目前没有人能断言这一趋势最终会发展到什么地步。

互联网、电子邮件和新闻组

互联网上使用最广泛的资源之一是语言教学资源。[7]在学校、政府、企业和个人从中获益的同时，它还以前所未有的方式促进和保存了现存的语言以及已经消亡的语言，其中最流行的是古典拉丁语。世界各地的语言教师都发现，可以将互联网上的语言资源编入个人的课程计划，以此实现有效的语言教育计划。因此互联网虽说并不能取代面对面的语言交流，却是一种有效的工具，是达到语言教学最佳效果的方式之一。[8]

1989 年至 1990 年，一项针对芬兰、英国、美国、奥地利、加拿大、当时的联邦德国和民主德国、瑞典、日本和冰岛中学生的研究显示，电子邮件交流类似于口头交流，语言风格随意，使用白话和省略句，表达方式非常简洁。[9]所有的非口头交流，包括手势都被线上可视化文本替代。相比之下，离线写作更能体现出文本和语言连贯性，文本高度结构化且层次清晰。这项研究表明电子邮件的语言用法似乎在口头和书面语中占据了特殊地位。[10]

所有自然语言情境都涉及"观者-听者"关系。然而，有了电子邮件和新闻组，人们就失去了"观察"和"听"的必要，除非通过电子邮件发送的是视频消息。随着视觉和听觉丧失，人们也会失去面部表情、手势、姿态、超音段特征（包括音高、音长、重音、停顿和音调）、语气、语速以及其他众多人类交流方式的组成部分。诸如气味等潜意识信号是一种更加原始但与语言同等重要的交流手段，但这些信号依旧无法通过新的电子媒体传播。尽管我们从科技发展中获益明显，但我们显然也失去了很多作为人类的意义。

目前，国际标准英语是互联网的通用语言。英语本身并不具备这样的官方地位，因为互联网在很大程度上仍然不受监管，只有很少一些国家会对互联网施行严格的审查制度。一些人称，英语之所以统领互联网，是因为英语国家无论在经济上还是政治上仍占据统治地位。然而事实上，英语之所以在互联网上通用，是因为互联网是英语国家的发明创造；同时也因为在 21 世纪初，英语是世界上最流行的第二语言。互联网演变成以英语为主的媒介，这一事实并非有意而为，而是历史环境造成的。[11]

　　人们希望互联网上不再有官方语言，只有互联网用户想要和需要的语言。目前，英语恰巧在互联网上得以流行，像有些人说的那样"占据主导地位"。但是其他一些语言未来可能会在互联网上取代英语，或许监管机构会创造一种人工语言作为可供替代的选择，尽管如今听来像是无稽之谈。计算机自动翻译可能会使"主流自然语言"之争显得多余，而只给人们抛出使用哪种编程语言的选择。在这种情况下，互联网将超越人们对任何自然语言，包括英语的需求。

　　但是，人们应该认识到双语现象是世界趋势，超出了互联网的网络空间管辖范围。在世界各地，越来越多的人选择英语作为第二语言或额外学习的语言。而通常来说，人们会保留他们的母语作为第一语言，以便进行小范围的直接交流。可见至少在不久的将来，互联网本身仍将是现实人类发展过程中的实验对象。

　　互联网、电子邮件以及新闻组本身也在积极地影响着全世界的词汇。国际标准英语在其词汇表中添加了大量的新词汇，同时延伸了一些古老单词的含义，仅仅一代人的时间，不少新词就跃入眼帘，例如"bit"（比特）、"browser"（浏览器）、"click on"（用鼠标点击）、"cyberspace"（赛博空间）、"E-mail"（电子邮件）、"V-mail"（视频消息）、"gopher"（用于在互联网上查询资料的地鼠程序）"、"hypertext"（超文本，含有指向其他文本文件的"链接"的文本）、"modem"（调制解调器，用来连接电话线供计算机间交流的设备）等等。大多数现代国家直接借用了这些英语术语，而并没有将这些词翻译成当地的语言。

在不久的将来，语音识别系统将允许人们直接与计算机对话，并且能够让计算机做出有声回应，同声翻译也可以通过这种方式实现。目前，越来越多的人每天花更多的时间使用"键盘上的"书面语而非实际的口语，在学生、办公室职员、记者、编辑、作家、研究员、计算机程序员、退休人员以及其他活跃的计算机用户中尤其如此。在中世纪，抄写员可谓珍稀工种，而未来几年之内，发达国家基本家家户户都会有电脑，其国民生活会日益依赖电子产品和国际网络，并逐渐远离即时的视听交流，这种人工界面正逐渐催生一种不同的"口头书面语言"。毫无疑问，随着新技术进一步发展，情况或许还会发生改变。

语言的未来

在托马斯·爱迪生于 1877 年发明留声机之前，人们只能通过老一辈口述和古老的书面文字才能了解语言的早期阶段，而那些文字的准确发音却不得而知。如今，人们听着留声机中传出的一个世纪之前的嘶嘶沙沙声，可以感知到语言的变化之快。尽管语言的变化难以预料，但通过分析书面文字、了解语言的近期变化和语言的总体发展趋势，语言学家们有望就未来世界各种语言会如何发展达成共识。

所有语言学家都同意，即将发生的自然语言变化将在很大程度上集中于语音、形态、句法、词汇和语义五个方面，但这五个方面并不能涵盖所有的语言变化。整个语言和语族的命运将走向何方，可能会引起语言学家最大程度的关注。因为接下来的两个世纪人们无疑会见证前所未有的语言替代现象：一些语言和方言不断趋同，直至屈指可数的几种语言留存下来。最终全球范围内人人都把某种语言作为第一或第二语言，这很可能成为现实。

即使是那些能在未来两个世纪内幸存的少数语言，循环类型演化仍会持续。也就是说，或许汉语普通话在结构上会由孤立转向黏着，倾向于使用多音节词汇，并通过组合单一意义的成分来形成派生词或复合词；印欧语言则将继续偏离早期的屈折状态，走向日益孤立的结构。与此同时，因为现代媒体兴起，地球上的各种语言将会普遍出现词汇借用的现象。如果是在几个世纪前，借用词要花上数年时间才能被一种语言接受，并传播到许多其他的语言中（例如我们现在熟知的"巧克力""咖啡""烟草""禁忌""阳台"等词语）。然而由于广播、电视以及时下互联网的影响，这样的借用词可以在几周甚至几天内变成本土词汇，这里举几个最近受中东战争影响的例子："fatwa"（宗教法令）、"Scud"（一种制导导弹）、"ayatollah"（宗教领导人）、"glasnost"（政治透明）。

许多国家发生的社会变革也留下了它们的烙印，造成令人惊叹的语言变化。毫无疑问，这种语言变化在未来还会继续产生连锁反应。印欧语言中仍然保留了非正式人称代词和正式人称代词的区别，例如德语中的"du"（你）和"Sie"（您）、法语中的"tu"（你）和"vous"（您）、西班牙语中"tú"（你）和"usted"（您）等，非正式人称代词越来越多地渗入正式人称代词的领域。例如，这些国家的孩子不再像过去一样用正式人称代词来称呼他们的父母，而是使用非正式人称代词，这反映出他们对长辈的态度发生了根本性的变化。

然而，威尔士少年仍然会使用正式的语法告诉他的母亲"Peidiwch â phoeni！"（不要担心！），而德法两国的孩子在同样语境下会使用非正式的说法：德语"Mach' Dir keine Sorgen!"（别担心！）或是法语"Ne t'inquiète pas!"（你别担心！）。可见尽管自第二次世界大战以来，大多数起源于印欧语系的大都市语言都扩大了非正式人称代词的使用领域，但使用人数较少的印欧语言普遍抵制这一趋势。或许这些语言的使用者在有意避开大都市语言的影响，尤其是在双语使用者中，例如威尔士人、文德人、加泰罗尼亚人、加利西亚人、奥克西唐人等。

可证明各地语言正在发生明显变化的例子不胜枚举。以德语为例，新闻报道的话语时态应体现出目击者与非目击者之间的不同，诸如"Er sagte, er sei ..."（他说，他……）的委婉语言形式在现代言语中日益增多，但也被中立的陈述性话语如"Er sagte, er ist..."取代。以前，连接词"weil"（因为）的句法总是会把动词放在从句句末，如"weil er alt ist"（因为他老了），而现在则像英语一样让动词紧跟在主语之后，如"weil er ist alt"（因为他老了），尽管在官方人士和老年人看来，这仍然是不规范的用法。然而，这种新用法将来可能推而广之，把类似的连词包含在内，在这一过程中德语句法将得到根本改变。德语词汇中也拥有大量从现代英语中借用的词语，如"der Computer"（计算机）、"der Supermarket"（超市）、"der Soft Drink"（软饮料）、"die Jeans"（牛仔裤）等。毫无疑问，德语将在未来数年吸收上百种类似的句法和词汇变化。

复活节岛上的拉帕努伊语可能会在未来二十年内被智利西班牙语取代，"ku ...ʔā"作为时态标记表示过去发生并延续到现在的动作或状态，最近被"ko ...ʔā"取代。100 多年来，塔希提语中的声门塞音在语言中一直在取代 k's 音，产生了许多历史上可辨识的同源异形词，例如"kino/ʔino"（坏的、邪恶的、堕落的）。然而，一些更古老的拉帕努伊语词已经被塔希提语取代，这个过程愈演愈烈，例如拉帕努伊语中的"kī"
（说）现在变成了塔希提语中的"parau"；"ra²ā"（太阳、白天）
被"mahana"取代；"ta²u"（年）现在也变成"matahiti"，不一
而足。甚至拉帕努伊语的计数系统现在也几乎遵循了塔希提语
的方式。塔希提语中的连接词"²ē"（和）以及西班牙语中的
"pero"（但是）也被引入拉帕努伊语，因其此前一直没有连接
词。然而，这些塔希提语借用词也很快受到岛上的智利西班牙
语的影响。

　　同样，威尔士语也在经历着深刻的演变。在威尔士语语
音体系中，最明显的变化之一是逐渐消失的尾音"f"，例如
tref（意为"城镇"）这个单词现在通常被简化成 tre。所有的尾
音"f"可能很快都会在威尔士语中消失。同样，许多威尔士
语使用者如今倾向于在 yn（相当于介词"in"，意为"在"）之
后使用软变音，相较在语法上更合适但不太通用的鼻音变化，
这种发音使用范围更广。因此，现在更经常听到人们说"yn
Gaerdydd"（在卡迪夫）而不是传统的"yngh Nghaerdydd"。威尔
士语中新的十进制计数系统在几十年前才取代了古老的凯尔特
计数系统，例如 un deg un（11）、un deg dau（12）、un deg pump
（15）、un deg chwech（16）、dau ddeg（20）、tri deg（30）等 等。
这些说法在更年轻的使用者中普及开来，取代了传统的说法：
un ar ddeg（11）、deuddeg（12）、pymtheg（15）、un ar bymtheg

（16）、ugain（20）、deg ar hugain（30）等。

由于英语是目前世界上最流行的语言，相对前文例子中的语言，大多数读者可能对英语更为熟悉，下文的例子则将揭示英语的未来发展趋势。英语处于国际语言变革的前沿，乘着科技语言的新浪潮。然而，英语也无声无息地在语音、形态、句法、词汇和语义等层面经历着快速变化。虽然地球上的大多数语言都濒临灭绝，但英语仍然每日新增成千上万的使用者。事实上，英语正逐步成为一种全新的世界通用的自然语言。

英语的语音正呈现出独具特色的发展趋势，无论是区域性口音还是国际标准发音，未来英语的语音将有翻天覆地的变化。例如，在英式英语中，元音之间和单词末尾的"t"音现在被方言中的声门塞音"?"取代，这种变化最早出现在伦敦东区，但现在已经远不限于这个范围，特别是在英格兰中部地区，人们不再字正腔圆地说"Get the lettuce that's a little bitter"（拿根有点苦的莴苣），而是说成"Ge?the le?uce tha?s a li?o bi?a"。语言学家戴维·鲁斯瓦恩（David Rosewarne）在1984年指出，港湾英语（河口英语）作为一种经过修改的地区性语言最近突然传播开来，可能是得益于以伦敦为中心的电视和电影，这种方言此前备受冷落，如今因年轻人喜欢模仿而传播。

美式英语在发展过程中产生的最大变化与此类似。数十年来，元音之间的"t"音逐渐被"d"音取代，即"t"音所处的元音环境使其音变成了浊音，前文那句话则会变成"Get the ledduce that's a liddle bidder"（拿根有点苦的莴苣）。因此在美式英语中，"writer"（作家）和"rider"（骑手）、"matter"（物质）和"madder"（疯马）、"boating"（划船）和"boding"（预感）、"whitest"（最白）和"widest"（最宽）等词在口语上已不再有区别，听者只能通过具体语境区分这些词。目前美式英语影响巨大，这种语音创新可能很快就会传播到美国之外。相比之下，上文伦敦方言的变化似乎不太可能出现国际性传播。

作为语言实力的证明，美式英语的创新似乎已富有成效，带来了一场更加深刻的变化。1998 年，一位来自美国中西部说美式英语的年轻白人女性说了一句"My dar was sin"，或许用更易理解的国际标准英语来说是"My daughter was sitting"（我女儿当时正坐着）。从中可见一种相对较新、传播快速的美式英语形式。"My daughter was sitting"经历了元音间"d"音的弱化，直到完全消失，只留下"dar"音来表示"daughter"（女儿），"sin"音来表示从"sitting"（坐）演化而来的"siddin"。这种趋势展示了美式英语中元音间"d"音和末尾音"ing"音的长期变化过程。这种发音变化也可能只是昙花一现，但只有时间能告诉我们答案。

在英语句法中，形容词越来越名词化。许多世纪以来，英语形容词已经充当了名词的角色。一些这样的用法甚至可以追溯到古法语，如在短语"at present"（现在）、"in the past"（过去）和"in future"（将来）中虽未出现名词"time"（时间），但其表示的时间概念却能为人所理解。再比如，"a professional"（专业的）实际意味着"a professional person"（专业人员）；"a profligate"（放荡的）意味着"a profligate person"（放荡的人）；"the blind"（盲的）指代"blind people"（盲人）；"a white"（白的）指代"a white person"（白人）。在衍生出现代英语的意大利语族和日耳曼语族中自古就有这种省略或称"绝对语义"现象。然而，这种用法最近突然延伸，在美式英语使用者中间尤为普遍，而他们反过来又影响了英式英语使用者。因此，先前用来修饰限定的形容词现在也可以用作通用名词，例如"a historical"（历史的）指"a historical novel"（历史小说），"a botanical"（植物学的）指"a herbal drug or medicine"（草药或药品）等。随着这种用法越来越多，可以想象在未来会有更多的形容词兼具迄今为止难以想象的名词概念，例如"a reasonable"（合理的）或许会指"an acceptable proposal"（可接受的提议），"a timely"（及时地）指"a recent news item"（最近的一条新闻）。

当然形容词也会给名词让步。大多数英国人会说"a Californian wine"（一瓶加利福尼亚葡萄酒）、"a Texan rancher"

（一位得克萨斯牧场主），因而保持了系统的形容词词尾；而美国人现在会说成"a California wine"、"a Texas rancher"，可见美式英语中专有名词自身发挥了形容词的作用。此外，现在大多数英语作家已经不对"linguistic change"和"language change"进行区分。如果这种情况日益普遍，那么我们可能会在一二十年内听到"the Britain royal family"（英国王室）和"an Australia kangaroo"（澳大利亚袋鼠）这样的表达。

　　甚至连介词短语也未能免于这种新改变的冲击，它颠覆了惯常的句法，例如过去常说"children at risk"（处于危险中的儿童）和"patients at risk"（处于危险中的病人），现在说法则变成了"at-risk children"和"at-risk patients"，介词短语中都加上了连字符，将后置短语变成了一个前置形容词。目前，这种句法趋势呈泛滥状态，未来人们很可能会听到"on-time trains"（准点列车）和"with-a-grudge colleagues"（心怀怨恨的同事）之类的表达。英国一家一流的专业期刊也采用了类似的语言创新，该期刊最近刊登了一篇关于"a biophysicist-turned-expert on technology and society at Oxford"（原是生物物理学家的牛津大学技术与社会问题专家）的文章，这种精简的英语句法在十年前很难通过资深编辑的审核。

　　与此类似的是，民间语义学也在改变着英语语言，这种改变往往不为大众所注意。单词"chemical"（化学品）现在似乎泛指"人工合成的化合物"，正如它在广告中的用法，"This product is 100 per cent chemical free"（本产品不含任何人工合成的化合物）。而"natural"（天然的）这个单词最近被赋予了一种积极的含义，尽管"natural hair shampoo"（天然洗发水）和"natural washing powder"（天然洗衣粉）都能顺利通过公众审查，但人们已经无法再想象"natural bubonic plague"（天然黑死病）这样的固有英语短语了。

虽然英语方言形式或许会在一两代人的时间里被其众所周知的同义词取代，例如"sommat"被"something"取代；"anyroad"被"anyway"取代；"aught/ought"让位于"anything"；"naught/nought"让位于"nothing"，但通过媒体宣传，主要起源于美国的国际俚语能够迅速传播。然而，这种国际俚语主要起源于统治了世界娱乐市场的好莱坞电影、电视和流行音乐产业，其专用语言主要以加利福尼亚和纽约地区方言为基础，现在也逐渐受到了来自西班牙语日渐增加的压力。人们可以想象在未来的几十年间，俚语以及英语词汇中会有更多的单词和表达来自西班牙语，而不是其他的外语。

类似的是，地方英语也将继续从其本地资源中补充词汇，例如澳大利亚英语会更多地借用澳大利亚本土词汇和表达，新西兰英语从毛利语中借用词汇，南非英语则会更多地从祖鲁语、科萨语、索托语、茨瓦纳语等语言中借用词汇。所有这些发展都被认为是丰富英语语言的过程，使新的国际标准英语更上一个台阶。

尽管如此，国际英语的大部分方言特征仍在持续流失，那些流失的特征似乎就自然汇总成了"不规则的国际标准英语"，而实际上并不存在这种汇总结果，也没有任何官方机构去为其定性并规范其用法。国际标准英语产生于全球性交流过程中，它能让人迅速听懂新德里、东京或圣彼得堡的广播、电视报道和网络采访。同英语本身一样，它是历史环境的产物，而非刻意设计。不过，尽管这一语言瞬息万变，它仍将持续演变和进化。

在广播和电影出现之前，大多数英国人从未听过美式英语，很多英国人第一次听到美式英语时就觉得粗俗，对其中的鼻音更是反感。同样，大多数美国人也未听过"正规"的英语。而今仅仅过了三代人，这两种方言却没有按照正常的语言变化过程那样成为两种独立的衍生语言，反而变得更加紧密。事实上，由于新技术的出现，它们正在朝着彼此发展，尽管目前这一过程仍有此消彼长之态。英式英语、标准美式英语和世界上所有其他形式的英语都在一力促进国际标准英语这种新兴语言的发展。

书中经常提到，英语是一种世界性语言，这一观点有理有据。在人类历史上，全球性交流首次成为日常现实，而与此同时，英语成为世界上最流行的第二语言，这两项成就相辅相成，且一定程度上前者是后者的必然结果。英语作为世界上最流行的第二语言，背后存在多方支持因素。比如，随着英国在世界各地建立殖民地，英语走出大不列颠并逐渐国际化，这是 20 世纪两次世界大战的结果，也是英语国家经济飞速增长、政治稳步发展的结果。

英语在 20 世纪崛起的同时，也见证了如法国、德国等老牌大国影响力急剧衰退的过程。[12] 在世界性语言中，目前只有西班牙语展示出可与英语一较上下的活力，但其活跃程度仍有不足。

如今，英语被英国、美国和新西兰等英语国家视为第一语言，即母语，它也作为一门第二语言应用于南非、印度、斐济和其他地方，此外不乏许多仅将其视为一门外语的学习者。而英语作为世界性语言的未来取决于两个群体。[13] 目前互联网上 80% 的数据由英语写就，从互联网使用频率的增幅来看，单凭这一事实就能保证英语至少到 22 世纪仍然是世界上最流行的语言[14]，世界经济和政治的未来建立在英语和英语定义的技术基础上。在 21 世纪初，英语学习已经成为一个简单的经济问题，毕竟薪酬越高的工作越要求掌握英语，这种趋势至少将决定未来两个世纪地球语言的分布。

斯堪的纳维亚、荷兰、新加坡和世界其他一些地区可能展现了不久将在各地流行的语言情况，即会双语的成年人既说本地语言，也说英语。但是历史告诉我们，这样的全球性预测常常是无效的。目前单纯从使用人数来看，只有三种语言和与它们相对应的手语可能会在未来的300年里幸存下来，它们分别是汉语普通话、西班牙语和英语。尽管如此，规模较小但富裕的社会，如日本、德语国家、法国、意大利和其他一些国家可能会出于文化原因将他们的语言作为地区遗产保留数百年。同拉丁语一样，阿拉伯语和希伯来语也一定会因宗教因素继续存留许多个世纪。

那么之后呢？一旦人类移居到太阳系的其他星球上，在不久的将来，可能会出现一种新的语言形式。不妨想象，那些征服了火星，说着国际标准英语的多民族后裔在22世纪末创造了一种新颖的语言，而地球上的英语使用者不解其意。既然"火星英语"会立即被那些不说这种语言的人识别出来，那么它就成了一种独立的方言。但由于星球间要保持正常沟通交流，这种新形式的英语很可能仍将是一种方言，而不会上升成为一种独立的语言，不过"火星英语"与"地球英语"的使用者还是很容易相互理解的。最终，可能会出现一种"星际英语"，从而历时性地取代国际标准英语。

澳大利亚语言学家罗伯特·狄克逊（Robert Dixon）最近有

言:"语言是人类最宝贵的资源。"[15] 的确,没有语言的人类社会是难以想象的。语言定义了我们的生活,宣告了我们的存在,表述了我们的思想,它使我们成为想成为的人,拥有想拥有的东西。但语言并不是永恒稳固、一成不变的,上文的案例是无可比拟的证明。在历史长河中,语言不断流动、变异、更替、消亡,又迎来新生和成长。尽管人们可以找出数千年来语言变化的共同特征,个人计算机等新发明也可以改变"变化"本身的动力,从而呈现前所未闻的语言变化和使用过程,但语言还是,也毫无疑问永远是人类社会最变化无常的因素之一。只要人类存在,语言就会一直存在,但它不会一直是我们如今所定义的语言。

或许不久后,除少数残存的语言外,地球上所有的语言都将消失,只给全人类留下一种语言及其对应的手语。那些语言消亡的同时,在新的全球社会中,人际交流将达到迄今无法想象的程度,人类活动的方方面面都会随之受益。地球上的文化多样性将丧失殆尽,但与此同时,通过一种世界性语言,我们也会获得一种全新的归属感,一种新的社会秩序,一种关于我们在广袤宇宙中所处位置的全新共识。但是,许多人担心一种世界性语言的出现会带来前所未有的政治操纵、宣传和控制手段。此外,本土语言丧失会抹掉人们的民族身份认同感,手足情谊愈发疏离。一种世界性语言的出现可能会带来好处，但或许也会造成巨大的损失，付出极高的代价。然而，无论地球语言的未来如何，语言会继续随着人类演化而演化，就像数百万年前远古人类开始口头交流以来，语言所表现的那样。

　　不论是信息素交流、"舞蹈"、次声波和超声波，还是手势、口语、文字和计算机语言，语言都是自然界和交流创造的纽带。

参考文献

第一章

1 Donald H. Owings and Eugene S. Morton, *Animal Vocal Communication* (Cambridge, 1998).

2 William C. Agosta, *Chemical Communication: The Language of Pheromones* (New York, 1992).

3 D. A. Nelson and P. Marler, 'Measurement of Song Learning Behavior in Birds', in *Methods in Neurosciences*, XIV: *Paradigms for the Study of Behavior*, ed. P. Conn (Orlando, FL, 1993), pp. 447–65.

4 Irene M. Pepperberg and R. J. Bright, 'Talking Birds', *Birds, USA*, ii (1990), pp. 92–6.

5 Irene M. Pepperberg, 'Functional Vocalizations by an African Grey Parrot (*Psittacus erithacus*)', *Zeitschrift für Tierpsychologie*, LV (1981), pp. 139–60.

6 Irene M. Pepperberg, 'Cognition in an African Grey Parrot (*Psittacus*

erithacus), Further Evidence for Comprehension of Categories and Labels', *Journal of Comparative Psychology*, CIV (1990), pp. 42–51.

7 L.E.L. Rasmussen, 'The Sensory and Communication Systems', in *Medical Management of the Elephant*, ed. S. Mikota, E. Sargent, and G. Ranglack (West Bloomfield, MI, 1994), pp. 207–17.

8 George Harrar and Linda Harrar, *Signs of the Apes, Songs of the Whales: Adventures in Human–Animal Communication* (New York, 1989).

9 John C. Lilly, *Communication Between Man and Dolphin* (New York, 1987).

10 Francine Patterson, *The Education of Koko* (New York, 1981).

11 Francine Patterson, 'In Search of Man: Experiments in Primate Communication', *Michigan Quarterly Review*, XIX (1980), pp. 95–114.

12 Francine Patterson and C. H. Patterson, 'Review of Ape Language: From Conditioned Response to Symbol', *American Journal of Psychology*, CI (1988), pp. 582–90.

13 Eugene Linden, *Silent Partners: The Legacy of the Ape Language Experiments* (New York, 1986).

14 R. Allen Gardner and Beatrix T. Gardner, *Teaching Sign Language to Chimpanzees* (Albany, NY, 1989).

15 Duane M. Rumbaugh, *Language Learning by a Chimpanzee: The Lana Project* (New York, 1977).

16 Sue Savage-Rumbaugh, *Kanzi: The Ape at the Brink of the Human Mind* (New York, 1996).

17 Duane M. Rumbaugh, 'Primate Language and Cognition', *Social Research*, LXII (1995), pp. 711–30.

18 Sue Savage-Rumbaugh, Stuart Shanker, and Talbot Taylor, *Apes, Language, and the Human Mind* (Oxford, 1998).

19 Sue Taylor Parker and Kathleen Rita Gibson, eds, *'Language' and Intelligence in Monkeys and Apes: Comparative Developmental Perspectives* (Cambridge, 1991).

20 Stephen Hart and Franz De Waal, *The Language of Animals* (New York, 1996).

21 Judith De Luce and Hugh T. Wilder, *Language in Primates: Perspectives and Implications* (New York, 1983).

第二章

1 Richard Leakey, *The Origin of Humankind* (New York, 1996).

2 Donald Johanson and Blake Edgar, *From Lucy to Language* (New York, 1996).

3 Jean Aitchison, *The Seeds of Speech: Language Origin and Evolution* (Cambridge, 1996).

4 Christopher Stringer and Robin McKie, *African Exodus: The Origins of Modern Humanity* (New York, 1997).

5 Alan Walker and Pat Shipman, *The Wisdom of the Bones: In Search of Human Origins* (New York, 1997).

6 Clive Gamble, *The Palaeolithic Settlement of Europe* (Cambridge, 1996).

7 Ian Tattersall, 'Out of Africa Again . . . and Again?', *Scientific American*, CCLVI/4 (1997), pp. 60–67.

8 Derek Bickerton, *Language and Species* (Chicago, IL, 1992).

9　Bernard Comrie, *Language Universals and Linguistic Typology: Syntax and Morphology*, 2nd edn (Chicago, IL, 1989).

10　Herbert Clark and Eve Clark, 'Language Processing', in *Universals of Human Language*, ed. Joseph Greenberg (Stanford, CA, 1978), i, pp. 225–77.

11　Simon Kirby, 'Function, Selection and Innateness: The Emergence of Language Universals', PhD thesis, University of Edinburgh, 1998.

12　Ian Tattersall, *The Last Neandertal: The Rise, Success, and Mysterious Extinction of Our Closest Human Relatives* (New York, 1996).

13　Philip Lieberman, *Eve Spoke* (New York, 1998). See also Philip Lieberman et al., 'Folk Psychology and Talking Hyoids', *Nature*, CCCXLII/6249 (1990), pp. 486–7.

14　Derek Bickerton, *Language and Human Behavior* (Seattle, WA, 1995).

15　James Shreeve, *The Neandertal Enigma: Solving the Mystery of Modern Human Origins* (New York, 1995).

16　Roger Lewin, *Bones of Contention: Controversies in the Search for Human Origins* (Chicago, IL, 1997).

17　Milford Wolpoff and Rachel Caspari, *Race and Human Evolution* (New York, 1997).

18　Ian Tattersall, *The Fossil Trail: How We Know What We Think We Know About Human Evolution* (Oxford, 1997).

19　Robert M. W. Dixon, *The Rise and Fall of Languages* (Cambridge, 1997).

第三章

1 Morris Swadesh, 'Linguistic Overview', in *Prehistoric Man in the New World*, ed. Jesse D. Jennings and Edward Norbeck (Chicago, IL, 1964), pp. 527–56.

2 Sydney M. Lamb and E. Douglas Mitchell, eds, *Sprung from Some Common Source: Investigations into the Prehistory of Languages* (Stanford, CA, 1991).

3 Ernst Pulgram, 'The Nature and Use of Proto-Languages', *Lingua*, X (1961), pp. 18–37.

4 Johanna Nichols, *Linguistic Diversity in Space and Time* (Chicago, IL, 1992).

5 Terry Crowley, *An Introduction to Historical Linguistics*, 3rd edn (Auckland, 1997)

6 Joseph Greenberg, *Studies in African Linguistic Classification* (New Haven, CT, 1955).

7 Ian Maddieson and Thomas J. Hinnebusch, eds, *Language History and Linguistic Description in Africa*, Trends in African Linguistics 2 (Lawrenceville, NJ, 1998).

8 Saul Levin, *Semitic and Indo-European: The Principal Etymologies, with Observations on Afro-Asiatic*, Amsterdam Studies in the Theory and History of Linguistics (Amsterdam, 1995).

9 Jerry Norman, *Chinese* (Cambridge, 1988).

10 Malcolm D. Ross, 'Some Current Issues in Austronesian Linguistics', in *Comparative Austronesian Dictionary: An Introduction to Austronesian*

Studies, Part 1: Fascicle 1, ed. Darrell T. Tryon (Berlin and New York, 1995), pp. 45-120.

11 Daniel Mario Abondolo, ed., *The Uralic Languages*, Routledge Language Family Descriptions (London, 1998).

12 Peter Hajdu, *Finno-Ugrian Languages and Peoples*, translated G. F. Cushing (London, 1975).

13 Ives Goddard, 'The Classification of the Native Languages of North America', in *Handbook of North American Indians*, XVII: *Languages* (Washington, 1996), pp. 290–323.

14 Lyle Campbell, *American Indian Languages: The Historical Linguistics of Native America*, Oxford Studies in Anthropological Linguistics 4 (Oxford, 1997). Please consult this outstanding study for the latest research on the classification, history of investigation, and most recent theories concerning the North American, Central American and South American languages.

15 William Bright, *American Indian Linguistics and Literature* (Berlin, New York, Amsterdam, 1984).

16 Harriet E. Klein and Louisa R. Stark, eds, *South American Indian Languages: Retrospect and Prospect* (Austin, tx, 1985).

17 Nichols (see note 4).

18 Stephen A. Wurm, 'Classifications of Australian Languages, Including Tasmanian', in *Current Trends in Linguistics*, VIII: *Linguistics in Oceania*, ed. Thomas A. Sebeok (The Hague and Paris, 1971), pp. 721–803.

19 A. Capell, 'History of Research in Australian and Tasmanian Languages', in *Current Trends in Linguistics*, VIII: *Linguistics in Oceania*, ed. Thomas A. Sebeok (The Hague and Paris, 1971), pp. 661–720.

20 Robert M. W. Dixon, *The Languages of Australia* (Cambridge, 1980).

21 Capell (see note 19).

22 C. F. Voegelin et al., 'Obtaining an Index of Phonological Differentiation from the Construction of Non-existent Minimax Systems', *International Journal of American Linguistics*, XXIX/1 (1963), pp. 4-29.

23 Capell (see note 19).

24 Pamela Swadling, *Papua New Guinea's Prehistory: An Introduction* (Port Moresby, 1981).

25 Stephen A. Wurm, 'The Papuan Linguistic Situation', in *Current Trends in Linguistics, VIII: Linguistics in Oceania*, ed. Thomas A. Sebeok (The Hague and Paris, 1971), pp. 541–657.

26 Stephen A. Wurm, *The Papuan Languages of Oceania* (Tübingen, 1982).

27 Darrell T. Tryon, 'The Austronesian Languages', *Comparative Austronesian Dictionary: An Introduction to Austronesian Studies, Part 1, Fascicle 1*, ed. Darrell T. Tryon (Berlin and New York, 1995), pp. 5-44.

28 Isidore Dyen, 'The Austronesian Languages and Proto-Austronesian', in *Current Trends in Linguistics, VIII: Linguistics in Oceania*, ed. Thomas A. Sebeok (The Hague and Paris, 1971), pp. 5–54.

29 Malcolm D. Ross, 'Some Current Issues in Austronesian Linguistics', in *Comparative Austronesian Dictionary: An Introduction to Austronesian Studies, Part 1, Fascicle 1*, ed. Darrell T. Tryon (Berlin and New York, 1995), pp. 45–120.

30 Sanford B. Steever, ed., *The Dravidian Languages*, Routledge Language Family Descriptions (London, 1998).

31 Colin Renfrew, *Archaeology and Language: The Puzzle of Indo-European*

Origins (London, 1987).

32 Robert S. P. Beekes, *Comparative Indo-European Linguistics: An Introduction* (Amsterdam, 1995).

33 Björn Collinder, *An Introduction to the Uralic Languages* (Berkeley and Los Angeles, 1965). See also Bela Brogyanyi and Reiner Lipp, eds, *Comparative Historical Linguistics: Indo-European and Finno-Ugric. Papers in Honor of Oswald Szemerenyi*, III (Amsterdam, 1993).

34 Philip Balsi, *An Introduction to the Indo-European Languages* (Carbondale, IL, 1983).

35 Anna Giacalone Ramat and Paolo Ramat, eds, *The Indo-European Languages*, Routledge Language Family Descriptions (London, 1998).

36 Crowley (see note 5).

37 Robert M. W. Dixon, *The Rise and Fall of Languages* (Cambridge, 1997).

第四章

1   M. W. Green, 'The Construction and Implementation of the Cuneiform Writing System', *Visible Language*, XV/4 (1981), pp. 345–72.

2   Archibald A. Hill, 'The Typology of Writing Systems', in *Papers in Linguistics in Honor of Léon Dostert*, ed. W. M. Austin (The Hague, 1967), pp. 92–9.

3   Wayne M. Senner, ed., *The Origins of Writing* (Lincoln, NB, 1991).

4   Hans Jensen, Sign, *Symbol and Script. An Account of Man's Efforts to Write*, 3rd edn (London, 1970).

5   Edward B. Tylor, *Anthropology* (New York, 1881).

6 David Diringer, *Writing* (London, 1962).

7 George L. Trager, 'Writing and Writing Systems', in *Current Trends in Linguistics*, XII: *Linguistics and Adjacent Arts and Sciences*, ed. Thomas A. Sebeok (The Hague, 1974), pp. 373–96.

8 Geoffrey Sampson, *Writing Systems* (London, 1985).

9 For the most comprehensive and up-to-date, see Peter T. Daniels and William Bright, eds, *The World's Writing Systems* (New York, 1996). Also recommended are George L. Campbell, *Handbook of Scripts and Alphabets* (London, 1997); Florian Coulmas, *The Blackwell Encyclopedia of Writing Systems* (Oxford, 1996); Sampson (see note 8); Diringer (note 6); and Jensen (note 4).

10 Denise Schmandt-Besserat, *How Writing Came About* (Austin, TX, 1997).

11 John D. Ray, 'The Emergence of Writing in Egypt', *World Archaeology*, XVII/3 (1986), pp. 307–16.

12 Hilary Wilson, *Understanding Hieroglyphs: A Complete Introductory Guide* (Lincolnwood, il, 1995).

13 Jaromir Malek, *The ABC of Hieroglyphs: Ancient Egyptian Writing* (Gilsum, NH, 1995).

14 W. V. Davies, *Egyptian Hieroglyphs*, Reading the Past, vol. VI (Berkeley and Los Angeles, CA, 1990).

15 David P. Silverman, *Language and Writing in Ancient Egypt*, Carnegie Series on Egypt (Oakland, ca, 1990).

16 E. A. Wallis Budge, *An Egyptian Hieroglyphic Dictionary*, 2 vols (Mineola, NY, 1978).

17 Denise Schmandt-Besserat, *Before Writing: From Counting to Cuneiform*

(Austin, TX, 1992).

18 Stuart Schneider and George Fischler, *The Illustrated Guide to Antique Writing Instruments* (New York, 1997).

19 Marvin A. Powell, 'Three Problems in the History of Cuneiform Writing: Origins, Direction of Script, Literacy', *Visible Language*, XV/4 (1981), pp. 419–40.

20 C.B.F. Walker, *Cuneiform*, Reading the Past, vol. III (Berkeley and Los Angeles, CA, 1989).

21 Green (see note 1).

22 Gregory L. Possehl, *The Indus Age: The Writing System* (Philadelphia, PA, 1996).

23 Walter A. Fairservis, Jr, 'The Script of the Indus Valley Civilization', *Scientific American* (March 1983), pp. 41–9.

24 Asko Parpola, 'The Indus Script: A Challenging Puzzle', *World Archaeology*, XVII/3 (1986), pp. 399–419, and *Deciphering the Indus Script* (Cambridge, 1994).

25 Maurice W. M. Pope, 'The Origin of Near Eastern Writing', *Antiquity*, XL (1965), pp. 17–23.

26 G. R. Driver, *Semitic Writing* (London, 1948).

27 Roger D. Woodard, *Greek Writing from Knossos to Homer: A Linguistic Interpretation of the Origin of the Greek Alphabet and the Continuity of Ancient Greek Literacy* (Oxford, 1997). The new theory that Minoan Greeks elaborated the hieroglyphic and Linear A scripts can be read in Steven Roger Fischer, *Evidence for Hellenic Dialect in the Phaistos Disk* (Berne, Frankfurt am Main, New York, Paris, 1988); a popular version of his theory can be read

in Steven Roger Fischer, *Glyph-breaker* (New York, 1997).

28 Brian Colless, 'The Byblos Syllabary and the Proto-Alphabet', *Abr-Nahrain*, XXX (1992), pp. 55–102.

29 Brian E. Colless, 'Recent Discoveries Illuminating the Origin of the Alphabet', *Abr-Nahrain*, XXVI (1988), pp. 30–67.

30 John F. Healey, *Early Alphabet*, Reading the Past, vol. IX (Berkeley and Los Angeles, CA, 1991).

31 Steven Roger Fischer, *Rongorongo: The Easter Island Script: History, Traditions, Texts*, Oxford Studies in Anthropological Linguistics, 14 (Oxford, 1997).

32 S. Robert Ramsey, *The Languages of China* (Princeton, NJ, 1990).

33 Sampson (see note 8).

34 John S. Justeson, 'The Origin of Writing Systems: Preclassic Mesoamerica', *World Archaeology*, XVII (1986), pp. 439–56.

35 John S. Justeson and Terrence Kaufman, 'A Decipherment of Epi-Olmec Hieroglyphic Writing', *Science*, CCLIX(1993), pp. 1703–11.

36 Michael D. Coe, *Breaking the Maya Code* (London, 1992).

37 Michael D. Coe and Justin Kerr, *The Art of the Maya Scribe* (London, 1998).

38 Joyce Marcus, *Mesoamerican Writing Systems: Propaganda, Myth, and History in Four Ancient Civilizations* (Princeton, NJ, 1992).

39 D. Gary Miller, *Ancient Scripts and Phonological Knowledge*, Amsterdam Studies in the Theory and History of Linguistic Science (Amsterdam, 1994).

40 Henri Jean Martin, *The History and Power of Writing*, trans. Lydia G. Cochrane (Chicago, il, 1995).

41 John L. White, ed., *Studies in Ancient Letter Writing* (Atlanta, GA, 1983).

第五章

1   Ross Clark, 'Language', in *The Prehistory of Polynesia*, ed. Jesse D. Jennings (Cambridge, MA, and London, 1979), pp. 249–70.

2   Donald Macaulay, *The Celtic Languages* (Cambridge, 1993).

3   James Fife and Martin J. Ball, eds, *The Celtic Languages* (London, 1993).

4   Kenneth Hurlstone Jackson, *Language and History in Early Britain* (Portland, OR, 1994).

5   Janet Davies, *The Welsh Language* (Cardiff, 1993).

6   R. S. Conway, *The Italic Dialects* (Cambridge, 1897).

7   Carl Darling Buck, *A Grammar of Oscan and Umbrian: With a Collection of Inscriptions and a Glossary* (Boston, MA, 1904).

8   M. S. Beeler, *The Venetic Language*, University of California Publications in Linguistics, IV/1 (Berkeley and Los Angeles, ca, 1949).

9   Helena Kurzova, *From Indo-European to Latin: The Evolution of a Morphosyntactic Type*, Amsterdam Studies in the Theory and History of Linguistic Science, Series 4 (Amsterdam, 1993).

10 Roger Wright, ed., *Latin and the Romance Languages in the Early Middle Ages* (University Park, PA, 1995).

11 Tracy K. Harris, *Death of a Language: The History of Judeo-Spanish* (Newark, DE, 1994).

12 Peter A. Machonis, *Histoire de la langue: du latin à l'ancien français* (Lanham, MD, 1990).

13 Peter Rickard, *A History of the French Language*, 2nd edn (London, 1989).

14 Paul M. Lloyd, *From Latin to Spanish: Historical Phonology and Morphology*

of the Spanish Language, Memoirs of the American Philosophical Society, 173 (Philadelphia, PA, 1987).

15 Ralph Penny, *A History of the Spanish Language* (Cambridge, 1991).

16 Martin Maiden, *A Linguistic History of Italian*, Longman Linguistics Library (London, 1994).

17 D. H. Green, *Language and History in the Early Germanic World* (Cambridge, 1998).

18 Johan van der Auwera and Ekkehard K. Fonig, *The Germanic Languages* (London, 1994).

19 Joseph B. Voyles, *Early Germanic Grammar: Pre-, Proto-, and Post- Germanic Languages* (San Diego, CA, 1992).

20 Orrin W. Robinson, *Old English and Its Closest Relatives: A Survey of the Earliest Germanic Languages* (Stanford, CA, 1994).

21 Charles V. J. Russ, *German Language Today: A Linguistic Introduction* (London, 1994).

22 Rolf Berndt, *History of the English Language* (Leipzig, 1982).

23 Malcolm Guthrie, *Comparative Bantu: An Introduction to the Comparative Linguistics and Prehistory of the Bantu Languages*, 4 vols (Farnborough, 1967–70).

24 Derek Nurse and Thomas J. Hinnebusch, *Swahili and Sabaki: A Linguistic History*, University of California Publications in Linguistics, CXXI(Berkeley and Los Angeles, CA, 1993).

25 Harry H. Johnston, *A Comparative Study of the Bantu and Semi-Bantu Languages* (New York, 1997).

26 Jan Vansina, *Paths in the Rainforests* (Madison, WI, 1990).

27 Ibid.

28 Jerry Norman, *Chinese* (Cambridge, 1988).

29 Victor Krupa, *The Polynesian Languages: A Guide*, Languages of Asia and Africa, IV (London, 1982).

30 Clark (see note 1).

31 Andrew Pawley, 'The Relationships of Polynesian Outlier Languages', *Journal of the Polynesian Society*, LXXVI (1967), pp. 259–96.

32 Carleton T. Hodge, 'The Linguistic Cycle', *Language Sciences*, XIII, pp. 1–7.

第六章

1 Leonard Bloomfield, *An Introduction to Linguistic Science* (New York, 1914).

2 Bimal Krishna Matilal, *The Word and the World: India's Contribution to the Study of Language* (Oxford, 1990).

3 Giulio Lepschy, ed., *History of Linguistics: The Eastern Traditions of Linguistics* (London, 1996).

4 Esa Itkonen, *Universal History of Linguistics: India, China, Arabia, Europe*, Amsterdam Studies in the Theory and History of Linguistic Science 65 (Amsterdam, 1991).

5 Robert H. Robins, *A Short History of Linguistics*, 3rd edn, Longman Linguistics Library (London, 1996).

6 Pieter A. M. Seuren, *Western Linguistics: An Historical Introduction* (Oxford, 1998).

7　Giulio Lepschy, ed., *History of Linguistics: Classical and Medieval Linguistics* (London, 1996).

8　Roy Harris and Talbot J. Taylor, *Landmarks in Linguistic Thought: The Western Tradition from Socrates to Saussure*, Routledge History of Linguistic Thought Series (London, 1997).

9　Robert H. Robins, *The Byzantine Grammarians: Their Place in History*, Trends in Linguistics, Studies and Monographs 70 (Berlin, New York, Amsterdam, 1993).

10　Seuren (see note 6).

11　Lepschy (see note 7).

12　Kees Versteegh, *Landmarks in Linguistic Thought III: The Arabic Linguistic Tradition*, Routledge History of Linguistic Thought Series (London, 1997).

13　Itkonen (see note 4).

14　Lepschy (see note 3).

15　Vivien Law, ed., *History of Linguistic Thought in the Early Middle Ages*, Amsterdam Studies in the Theory and History of Linguistic Science (Amsterdam, 1993).

16　Lepschy (see note 7).

17　Law (see note 15).

18　Robins (see note 5).

19　Seuren (see note 6).

20　Ferdinand de Saussure, *Course in General Linguistics*, translated by Wade Baskin (New York, 1966).

21　Jindrich Toman, *The Magic of a Common Language: Jakobson, Mathesius, Trubetzkoy, and the Prague Linguistic Circle*, Current Studies in Linguistics,

26 (Cambridge, MA, 1995).

22 Randy Allen Harris, *The Linguistics Wars* (Oxford, 1995).

23 Edward Sapir, *Language: An Introduction to the Study of Speech* (New York, 1921).

24 P. H. Matthews, *Grammatical Theory in the United States from Bloomfield to Chomsky*, Cambridge Studies in Linguistics, 67 (Cambridge, 1993).

25 Leonard Bloomfield, *Language* (London, 1935).

26 William O'Grady, *Contemporary Linguistics: An Introduction*, 3rd edn (London, 1997).

27 J. R. Firth, *Papers in Linguistics 1934–1951* (Oxford, 1957).

28 Roman Jakobson, *Selected Writings I: Phonological Studies* (The Hague, 1962).

29 Sidney M. Lamb, 'The Sememic Approach to Structural Semantics', *American Anthropologist*, LXVI(1964), pp. 57–78; and *Outline of Stratificational Grammar* (Washington, DC, 1966).

30 Noam Chomsky, *Syntactic Structures* (The Hague, 1957).

31 Emmon Bach, *Introduction to Transformational Grammars* (New York, 1964).

32 Noam Chomsky, *Aspects of the Theory of Syntax* (Cambridge, MA, 1965).

33 On 12 November 1998, as I was writing this chapter, Noam Chomsky visited me at my home on Waiheke Island, New Zealand, where we spent the afternoon together discussing, among other things, transformational generative grammar and its place in the history of linguistics. When I asked Chomsky whether he agreed with my assessment, he replied yes, that 'generative grammar' would perhaps be the most important

theoretical linguistic model of the second half of the twentieth century. The 'transformational' aspect might be debatable, he added, though he believed a transformational element must be present in the process of language generation.

34 Robert M. W. Dixon, *The Rise and Fall of Languages* (Cambridge, 1997).

35 Robert D. King, *Historical Linguistics and Generative Grammar* (Englewood Cliffs, NJ, 1969); Hans Henrich Hock, *Principles of Historical Linguistics* (Berlin, New York, Amsterdam, 1986).

36 James Allen, *Natural Language Understanding*, 2nd edn (London, 1995). Noam Chomsky informed me during our meeting on Waiheke Island (see above) that he initially drew his model of transformational generative grammar from the computational linguistics being innovated in the usa after the war, specifically in the area of machine translating.

第七章

1　Ronald Wardhaugh, *An Introduction to Sociolinguistics* (Oxford, 1997).

2　Suzanne Romaine, *Language in Society: An Introduction to Sociolinguistics* (Oxford, 1994).

3　Peter Trudgill, *Sociolinguistics: An Introduction to Language and Society*, rev. edn (New York, 1996).

4　Jean Aitchison, *Language Change: Progress or Decay?*, 2nd edn (Cambridge, 1991).

5　Roger Lass, *Historical Linguistics and Language Change* (Cambridge, 1997).

6　R. L. Trask, *Language Change* (London, 1994).

7　Jonathan Green, *Slangs Through the Ages* (Lincolnwood, il, 1996).

8　Robert L. Chapman, *American Slang* (New York, 1998).

9　Karl Sornig, *Lexical Innovation: A Study of Slang, Colloquialisms, and Casual Speech* (New York, 1981).

10 Suzanne Romaine, *Pidgin and Creole Languages* (New York, 1988).

11 Terry Crowley, *An Introduction to Historical Linguistics*, 3rd edn (Auckland, 1997).

12 Derek Bickerton, *Roots of Language* (Ann Arbor, mi, 1981).

13 David Crystal, *English as a Global Language* (Cambridge, 1998).

14 J. K. Chambers and Peter Trudgill, *Dialectology* (Cambridge, 1990).

15 Joshua A. Fishman, *In Praise of the Beloved Language: A Comparative View of Positive Ethnolinguistic Consciousness* (Berlin, New York, Amsterdam, 1997).

16 Joey Lee Dillard, *Black English: Its History and Usage in the United States* (New York, 1973).

17 Clarence Major, *Juba to Jive: A Dictionary of African-American Slang* (New York, 1994).

18 Dale Spender, *Man-Made Language* (New York, 1990).

19 Anna Livia, *Queerly Phrased: Language, Gender, and Sexuality* (Oxford, 1997).

20 John W. Young, *Totalitarian Language* (Charlottesville, va, 1991).

21 Edward S. Herman and Noam Chomsky, *Manufacturing Consent: The Political Economy of the Mass Media* (New York, 1988).

22 William C. Stokoe, *Semiotics and Human Sign Languages* (The Hague,

1972).

23 Matthias Brenzinger, ed., *Language Death* (Berlin, New York, Amsterdam, 1992).

24 Lenore A. Grenoble and Lindsay J. Whaley, eds, *Endangered Languages: Current Issues and Future Prospects* (Cambridge, 1997).

25 Trudgill (see note 3).

26 Alison Ross, *Language of Humour* (London, 1998).

27 Jan Gavan Bremmer and Herman Roodenburg, eds, *A Cultural History of Humour: From Antiquity to the Present Day* (Oxford, 1997).

第八章

1　Robert W. Sebesta, *Concepts of Programming Languages* (Don Mills, Ont., 1998).

2　Alice E. Fischer and Frances S. Grodzynsky, *The Anatomy of Programming Languages* (New York, 1993).

3　Ryan Stansifer, *The Study of Programming Languages* (New York, 1994).

4　Doris Appleby and Julius J. Vandekopple, *Programming Languages: Paradigm and Practice*, 2nd edn, McGraw-Hill Computer Science Series (New York, 1997).

5　Kenneth C. Louden, *Programming Languages: Principles and Practice*, PWS-Kent Series in Computer Science (Boston, MA, 1993).

6　C.A.R. Hoare and C. B. Jones, *Essays in Computing Science*, Prentice Hall International Series in Computer Science (New York, 1989).

7　Mark Warschauer, ed., *Virtual Connection: Online Activities and Projects for Networking Language Learners*, National Foreign Language Center Technical Reports No. 8 (Honolulu, 1995).

8 Seppo Tella, 'The Adoption of International Communications Networks and Electronic Mail into Foreign Language Education', *Scandinavian Journal of Educational Research*, XXXVI (1992), pp. 303–12.

9 Seppo Tella, Introducing International Communications Networks and Electronic Mail in Foreign Language Classrooms: A Case Study in Finnish Senior Secondary Schools. Doctoral dissertation, University of Helsinki, 1991.

10 Seppo Tella, *Talking Shop Via E-Mail: A Thematic and Linguistic Analysis of Electronic Mail Communication* (Helsinki, 1992).

11 Dave Sperling, *The Internet Guide for English Language Teachers* (New York, 1997).

12 Robert Phillipson, *Linguistic Imperialism* (Oxford, 1992).

13 Jenny Cheshire, ed., *English Around the World* (Cambridge, 1991).

14 The British Council, *The Future of English?* (London, 1997).

15 Robert M. W. Dixon, *The Rise and Fall of Languages* (Cambridge, 1997).

精选书目

Agosta, William C., *Chemical Communication: The Language of Pheromones* (New York, 1992)

Aitchison, Jean, *Language Change: Progress or Decay?*, 2nd edn (Cambridge, 1991)

—, *The Seeds of Speech: Language Origin and Evolution* (Cambridge, 1996)

Allen, James, *Natural Language Understanding*, 2nd edn (London, 1995)

Anttila, Raimo, *An Introduction to Historical and Comparative Linguistics* (New York, 1972)

Appleby, Doris, and Julius J. Vandekopple, *Programming Languages: Paradigm and Practice*, 2nd edn, McGraw-Hill Computer Science Series (New York, 1997)

Arlotto, Anthony, *Introduction to Historical Linguistics* (Boston, MA, 1972)

van der Auwera, Johan, and Ekkehard K. Fonig, *The Germanic Languages* (London, 1994)

Baldi, Philip, ed., *Linguistic Change and Reconstruction Methodology* (Berlin,

1990)

Benveniste, Émile, *Problèmes de linguistique générale* (Paris, 1966)

Berndt, Rolf, *History of the English Language* (Leipzig, 1982)

Bickerton, Derek, *Roots of Language* (Ann Arbor, mi, 1981)

——, *Language and Species* (Chicago, il, 1992)

Bloomfield, Leonard, *An Introduction to Linguistic Science* (New York, 1914)

——, *Language* (London, 1935)

Bolinger, Dwight, *Aspects of Language* (New York, 1968)

Bremmer, Jan Gavan, and Herman Roodenburg, eds, *A Cultural History of Humour: From Antiquity to the Present Day* (Oxford, 1997)

Brenzinger, Matthias, ed., *Language Death* (Berlin, New York, Amsterdam, 1992)

Budge, E. A. Wallis, *An Egyptian Hieroglyphic Dictionary*, 2 vols (Mineola, NY, 1978)

Bynon, Theodora, *Historical Linguistics* (Cambridge, 1979)

Campbell, George L., *Handbook of Scripts and Alphabets* (London, 1997)

Cheshire, Jenny, ed., *English Around the World* (Cambridge, 1991)

Chomsky, Noam, *Syntactic Structures* (The Hague, 1957)

——, *Aspects of the Theory of Syntax* (Cambridge, MA, 1965)

Coe, Michael D., *Breaking the Maya Code* (London, 1992)

Conroy, Glenn C., *Reconstructing Human Origins: A Modern Synthesis* (New York, 1997)

Coulmas, Florian, *The Blackwell Encyclopedia of Writing Systems* (Oxford, 1996)

Crowley, Terry, *An Introduction to Historical Linguistics* (Auckland, 1997)

Daniels, Peter T., and William Bright, eds, *The World's Writing Systems* (New York, 1996)

Deacon, Terrence, *The Symbolic Species: The Co-evolution of Language and the Brain* (New York, 1997)

De Luce, Judith, and Hugh T. Wilder, *Language in Primates: Perspectives and Implications* (New York, 1983)

Diringer, David, *Writing* (London, 1962)

Dixon, Robert M. W., *The Languages of Australia* (Cambridge, 1980)

——, *The Rise and Fall of Languages* (Cambridge, 1997)

Driver, G. R., *Semitic Writing* (London, 1948)

Fife, James, and Martin J. Ball, eds, *The Celtic Languages* (London, 1993)

Fischer, Alice E., and Frances S. Grodzynsky, *The Anatomy of Programming Languages* (New York, 1993)

Fischer, Steven Roger, *Glyph-breaker* (New York, 1997)

——, *Rongorongo: The Easter Island Script. History, Traditions, Texts*, Oxford Studies in Anthropological Linguistics 14 (Oxford, 1997)

Gardner, R. Allen, and Beatrix T. Gardner, *Teaching Sign Language to Chimpanzees* (Albany, NY, 1989)

Green, D. H., Language and History in the Early Germanic World (Cambridge, 1998)

Grenoble, Lenore A., and Lindsay J. Whaley, eds, *Endangered Languages: Current Issues and Future Prospects* (Cambridge, 1997)

Guthrie, Malcolm, *Comparative Bantu: An Introduction to the Comparative Linguistics and Prehistory of the Bantu Languages,* 4 vols (Farnborough, 1967–70)

Haas, Mary R., *The Prehistory of Languages* (The Hague, 1969)

Harrar, George, and Linda Harrar, *Signs of the Apes, Songs of the Whales: Adventures in Human–Animal Communication* (New York, 1989)

Harris, Randy Allen, *The Linguistics Wars* (Oxford, 1995)

Harris, Roy, and Talbot J. Taylor, *Landmarks in Linguistic Thought: The Western Tradition from Socrates to Saussure*, Routledge History of Linguistic Thought Series (London, 1997)

Hart, Stephen, and Franz De Waal, *The Language of Animals* (New York, 1996)

Hock, Hans Henrich, *Principles of Historical Linguistics* (Berlin, 1991)

Itkonen, Esa, *Universal History of Linguistics: India, China, Arabia, Europe*, Amsterdam Studies in the Theory and History of Linguistic Science, 65 (Amsterdam, 1991)

Jablonski, Nina G., and Leslie C. Aiello, eds, *The Origin and Diversification of Language* (San Francisco, CA, 1998)

Jeffers, Robert J., and Ilse Lehiste, *Principles and Methods for Historical Linguistics* (Cambridge, MA, and London, 1980)

Jensen, Hans, Sign, *Symbol and Script: An Account of Man's Efforts to Write*, 3rd edn (London, 1970)

Jespersen, Otto, *Language: Its Nature, Development and Origin* (London, 1922)

Johnston, Harry H., *A Comparative Study of the Bantu and Semi-Bantu Languages* (New York, 1997)

Krupa, Victor, *The Polynesian Languages: A Guide*, Languages of Asia and Africa, IV (London, 1982)

Lass, Roger, *Historical Linguistics and Language Change* (Cambridge, 1997)

Lehmann, Winfred P., *Historical Linguistics: An Introduction* (New York, 1962)

Lepschy, Giulio, ed., *History of Linguistics: Classical and Medieval Linguistics* (London, 1996)

—, ed., *History of Linguistics: The Eastern Traditions of Linguistics* (London, 1996)

Lieberman, Philip, *The Biology and Evolution of Language* (Cambridge, ma, 1987)

—, *Eve Spoke: Human Language and Human Evolution* (New York, 1998)

Lilly, John C., *Communication Between Man and Dolphin* (New York, 1987)

Linden, Eugene, *Silent Partners: The Legacy of the Ape Language Experiments* (New York, 1986)

Lloyd, Paul M., *From Latin to Spanish: Historical Phonology and Morphology of the Spanish Language*, Memoirs of the American Philosophical Society 173 (Philadelphia, PA, 1987)

Macaulay, Donald, *The Celtic Languages* (Cambridge, 1993)

Maiden, Martin, *A Linguistic History of Italian*, Longman Linguistics Library (London, 1994)

Mallory, J. P., *In Search of the Indo-Europeans: Language, Archaeology and Myth* (London, 1989)

Martin, Henri Jean, *The History and Power of Writing*, translated by Lydia G. Cochrane (Chicago, IL, 1995)

Matthews, P. H., *Grammatical Theory in the United States from Bloomfield to Chomsky*, Cambridge Studies in Linguistics, 67 (Cambridge, 1993)

Miller, D. Gary, *Ancient Scripts and Phonological Knowledge*, Amsterdam

Studies in the Theory and History of Linguistic Science (Amsterdam, 1994)

Nichols, Johanna, *Linguistic Diversity in Time and Space* (Chicago, IL, 1992)

Noble, William, and Iain Davidson, *Human Evolution, Language and Mind: A Psychological and Archaeological Inquiry* (Cambridge, 1996)

Norman, Jerry, *Chinese* (Cambridge, 1988)

O'Grady, William, *Contemporary Linguistics: An Introduction*, 3rd edn (London, 1997)

Owings, Donald H., and Eugene S. Morton, *Animal Vocal Communication* (Cambridge, 1998)

Patterson, Francine, and Ronald H. Cohn, *Koko's Story* (New York, 1988)

Pei, Mario, *The Story of Language* (London, 1966)

Penny, Ralph, *A History of the Spanish Language* (Cambridge, 1991)

Phillipson, Robert, *Linguistic Imperialism* (Oxford, 1992)

Ramsey, S. Robert, *The Languages of China* (Princeton, nj, 1990)

Renfrew, Colin, *Archaeology and Language: The Puzzle of Indo-European Origins* (London, 1987)

Rickard, Peter, *A History of the French Language*, 2nd edn (London, 1989)

Robins, Robert H., *A Short History of Linguistics*, 3rd edn, Longman Linguistics Library (London, 1996)

—, and Eugenius M. Uhlenbeck, eds, *Endangered Languages* (Oxford, 1991)

Robinson, Andrew, *The Story of Writing* (London, 1995)

Robinson, Orrin W., *Old English and Its Closest Relatives: A Survey of the Earliest Germanic Languages* (Stanford, CA, 1994)

Romaine, Suzanne, *Pidgin and Creole Languages* (New York, 1988)

—, *Language in Society: An Introduction to Sociolinguistics* (Oxford, 1994)

Russ, Charles V. J., *German Language Today: A Linguistic Introduction* (London, 1994)

Sampson, Geoffrey, *Writing Systems* (London, 1985)

Sapir, Edward, *Language: An Introduction to the Study of Speech* (New York, 1921)

de Saussure, Ferdinand, *Course in General Linguistics*, trans. Wade Baskin (New York, 1966)

Savage-Rumbaugh, Sue, *Ape Language: From Conditioned Response to Symbol* (New York, 1986)

—, *Kanzi: The Ape at the Brink of the Human Mind* (New York, 1996)

—, Stuart Shanker and Talbot Taylor, *Apes, Language, and the Human Mind* (Oxford, 1998)

Schmandt-Besserat, Denise, *Before Writing: From Counting to Cuneiform* (Austin, tx, 1992)

—, *How Writing Came About* (Austin, TX, 1997)

Sebeok, Thomas A., *Speaking of Apes: A Critical Anthology of Two-way Communication with Man* (New York, 1980)

Sebesta, Robert W., *Concepts of Programming Languages* (Don Mills, Ont., 1998)

Senner, Wayne M., ed., *The Origins of Writing* (Lincoln, NB, 1991)

Seuren, Pieter A. M., *Western Linguistics: An Historical Introduction* (Oxford, 1998)

Shibatani, Masayoshi, *The Languages of Japan* (Cambridge, 1990)

Stansifer, Ryan, *The Study of Programming Languages* (New York, 1994)

Stokoe, William C., *Semiotics and Human Sign Languages* (The Hague, 1972)

Tella, Seppo, *Talking Shop Via E-mail: A Thematic and Linguistic Analysis of Electronic Mail Communication* (Helsinki, 1992)

Trask, R. L., *Language Change* (London, 1994)

Trudgill, Peter, *Sociolinguistics: An Introduction to Language and Society*, rev. edn (New York, 1996)

Vansina, Jan, *Paths in the Rainforests* (Madison, WI, 1990)

Von Frisch, Karl, and Thomas D. Seeley, *The Dance Language and Orientation of Bees* (Cambridge, MA, 1993)

Voyles, Joseph B., *Early Germanic Grammar: Pre-, Proto-, and Post-Germanic Languages* (San Diego, CA, 1992)

Wardhaugh, Ronald, *An Introduction to Sociolinguistics* (Oxford, 1997)

Warschauer, Mark, ed., *Virtual Connection: Online Activities and Projects for Networking Language Learners*, National Foreign Language Center Technical Reports, 8 (Honolulu, HI, 1995)

Wenner, Adrian M., and Patrick Wells, *Anatomy of a Controversy: The Question of a Language Among Bees* (New York, 1990)

Wright, Roger, ed., *Latin and the Romance Languages in the Early Middle Ages* (University Park, PA, 1995)